MZ Experience

# MZ
## EXPERIENCE

MZ세대를 경험한 기업체 CEO, HR팀장, 관리자 등
17명이 함께 만들어낸 협력의 조직문화 솔루션

## MZ 익스피리언스

김기진 김종찬 박호진 김소리 김금용 조용민 이진영 김현미 정현아
유연재 서형석 가재산 최요섭 김대경 홍규원 김영헌 조원규

## MZ세대를 이해하고 그들과 소통하는데 있어 매우 유용한 활용서

기업 경영에 있어서 인재 채용의 중요성에 대해 다시 한번 고민하게 만드는 책이다. 성과를 낼 수 있는 인재의 방향을 제시하고, 조직 내 어떠한 방향으로 이들을 이끌어 가야 할지에 대해 나침반 역할을 제시하고 있다. 'MZ Experience'는 기업 조직은 물론 대학생들의 지침서가 될 만하다.

이형우_마이다스아이티 회장

시대적 변화의 흐름에 기업은 무엇에 집중해야 하고, 지금 당장 무엇에 집중해야만 하는지 그 해답을 찾을 수 있는 혜안을 갖게 하는 책이다. HR 담당자와 HR 전문가 17인이 함께 공저했다는 사실도 놀랍다. 디지털 시대를 살아가고 있는 지금 기업의 지속 경영을 위한 인재 채용과 조직관리의 방향 정립에 도움이 되길 바란다.

전하진_SDX재단 이사장, (전)한글과컴퓨터 사장

당면한 디지털, 그린, 문명 대전환 시대에서의 성공은 인재, 특히 MZ세대에 달려있다. 이 중차대한 시기에 기업의 미래 발전과 성공에 중추적인 역할을 할 MZ세대에 대한 이해와 연구는 대단히 중요하고 필수적이다. 경영자와 리더, 실무자 입장의 다양한 시각을 담아낸 점에 대해 찬사를 보내며 필독을 권한다.

주영섭_서울대학교 특임교수, (전)중소기업청장

MZ세대가 이제 조직의 주축이 되어 가는 시대의 흐름에 맞게 이들이 업무에 몰입할 수 있는 조직 환경을 갖추는 회사는 더 빨리 성장하고 경쟁력을 갖출 것이다. MZ세대로 인해 그동안 우리가 갖고 있던 조직의 패러다임이 바뀌고 조직문화도 빠르게 개방적, 수평적으로 발전하기를 기대한다. 여기 17인의 인사 담당자와 전문가의 집단지성으로 만들어진 이 책이 우리 조직의 인재상과 조직문화를 발전시키는 초석이 될 것으로 믿는다.

윤경로_(사)글로벌인재경영원 원장, (전)듀폰 아시아지역 인사담당 부사장

급변하는 환경에 그 변화의 흐름과 위기를 감지하는 것은 쉽지 않다. 이 때문에 다양한 네트워크 활동은 기업 경영이나 조직관리에 있어서 매우 중요하다. 'MZ Experience'는 밝은 면과 어두운 면의 두 가지를 바라볼 수 있는 기회를 얻게 하는 책이다.

윤경용_San Martin University 석좌교수, (전)YAP Company Inc. 최고기술책임자

후배가 선배보다 똑똑하고 자식이 부모보다 똑똑하고 사원이 간부보다 똑똑한 초역전의 시대가 되었다. 정보화 사회 1세대인 MZ세대를 이해하고 그들과 소통하는 데 있어서 정말 읽어봐야 할 필독서다.

윤은기_한국협업진흥협회 회장, (전)중앙공무원교육원장

디지털 시대의 흐름에 세대 간 소통의 방법을 스스로 찾게 만드는 책이다. MZ세대가 조직에 몰입할 수 있는 환경을 구축했다는 것은 경영 전반에 대한 혁신 노력의 결과이다. 현업 HR 담당자와 HR 전문의 생생한 경험을 담아내는 것이 쉽지 않은데, 놀라운 결과물의 만들어낸 저자분들께 찬사를 보낸다.

김기찬_가톨릭대학교 교수, 한인도네시아경영회장

산업혁명의 주기도 계속 짧아지고 있음과 더불어, 우리 사회를 구성하는 세대의 진화 주기도 무척 짧아지고 있는 시점에서, 사람들의 변화된 사고방식의 차이는 인사관리 측면에서 중요한 이슈이다. 이 책은 현장에서 피부로 겪고 있는 실무 전문가분들의 소중한 견해를 접할 수 있고, 우리 기업의 한국형 내지 선진국형 인사관리 제도의 발전을 위해서도 적극적으로 참고할 가치가 있다.

류덕기_고려대 혁신공유대학 연구교수

Millennials는 이미 소비의 Influencer이자, 기업 구성원의 핵심 중추이다. Z세대는 미래 소비 트렌드와 이에 대응한 기업 활동 혁신을 이끌 주역이기에 이들에 대한 이해와 공감이 높은 기업만이 새로운 시장을 창출하고, 새로운 인재를 끌어들일 수 있다. 마케터와 기업 경영자, 관리자 모두에게 미래 시장과 인재에 대한 대비를 위한 좋은 길라잡이가 될 것이다. 특히, MZ세대가 만들어내고 표출하는 다양한 가치관과 행동을 이해하는 데 매우 유용한 활용서이다.

박형철_KPMG 부대표 / 인사조직컨설팅부문 리더

스마트워크 시대에 기업 관리자가 간과하고 있는 현실, 외면하고 있는 현실을 이 책에서 명확하게 찾을 수 있다. 급격한 산업변화 속에 현실 수용과 MZ세대 포용의 결과를 기대한다면 반드시 읽어야 하는 책이다.

원중배_경성대학교 취업진로처 팀장

MZ세대의 이해는 인사솔루션을 제공하는 입장에서 가장 고민되고, 답을 정의하기 어려운 부분이다. 이 책을 보면서 MZ세대가 추구하는 '놀이터'로써의 일, 직장이라는 의미가 머리에서 지워지지 않는다. 그들이 놀 수 있게 진정한 'Work, and Smile'을 추구할 수 있는 놀이터를 만들어가는 저자들의 제안에 박수를 보낸다.

전유미_Consulting Group APAC 총괄대표, PERSOLKELLY

21세기, 'MZ세대'가 이끌어가는 대한민국의 미래는 어떻게 될 것인가? 조직 운영의 중심이 되면서 이들 세대에 대한 기대감과 불안감이 기업내 이슈가 되고 있다. 소비와 투자의 주체이기도 하지만 기업의 관점에서 MZ세대의 중요 이슈를 다루었다. 현재 현업에서 가장 이슈가 되고 있는 것은 'MZ세대 이직률'이다. 1980년대 초부터 2000년대 초 출생한 '밀레니얼세대'와 1990년대 중반부터 2000년대 초반 출생한 'Z세대'인 'MZ세대'는 공통적인 특성도 있고 Z세대만의 특징도 나타나고 있다.

스마트워크는 조직과 기업이 경쟁력을 갖추고 생산성을 향상하는 필수 요건이다. 디지털 환경에 자연스럽게 노출되며 일하는 방식 그 자체를 달리하고 있는 MZ세대의 업무처리 수준은 기존 세대의 역량을 훨씬 뛰어넘는 부분이 많다. 스마트워크를 실현하고 있는 기업들은 기존에 10명이 하던 일을 단 2~3명이 여유롭게 대응하며 성과를 창출해 내고 있다. 8시간이 걸렸던 업무를 불과 1시간도 안 되어 처리하는 것이다.

조직 내 디지털 변화 마인드를 정립하고 IT활용 역량 강화를 통해 그동안 10여 년 동안 보류하거나 미루어 왔던 '일하는 방식의 혁명New Ways of Work'을 빠르게 전파하여 성과를 창출해 내고 있다. 이들 기업들의 신규 인력 채용은 30~50% 증가했다. 디지털 기술 발전과 디지털 혁명에 적응하는 회사들은 일하는 방식을 근본적으로 바꾸며 조직문화의 혁신에도 집중하고 있다. 최적의 업무 환경 구축으로 업무 효율성을 극대화하기 위해 재택근무도 성공적으로 유지하고 있다. 디지털 활용에 익숙한 MZ세대에 맞추어 조직문화와 인사 제도의 혁신을 가속화하고 있는 기업들은 실제적으로 코로나19에도 성장세를 유지하고 있다. 기존 세대와 MZ세대가 상호 조직에 적응하고 성과를 창출해 낼 수 있도록 근무 환경을 디지털화하고, 조직문화를 획기적으로 바꾼 결과이다.

그러나 변화 환경에 적응하지 못한 기업들의 2년 미만의 MZ세대 이직률은 30~60%에 이른다. 디지털 시대에서 성장한 MZ세대는 변화의 적응력과 일 처리 속도가 빠르다. 이들의 특징 중 하나는 바로 '성장'이다. 관심과 흥미를 가지고 있는 일에 대해 몰입할 수 있는 기업을 선호한다. 그러한 기업에서 자신의 일에 대해 몰입하는 과정에서 스스로를 '성장' 시키려는 열망이 강하다. 때문에 어렵게 입사했지만 성장을 기대할 수 없는 회사라면, MZ세대는 그 누구와도 고민을 나누지 않고 즉시 퇴사하는 성향이 강하다.

기업은 이제 MZ세대가 조직에 잘 적응 할 수 있는 인사제도 시스템과 조직문화 혁신의 결과에 따라 지속 경영의 중요한 갈림길에 놓여 있다. 'MZ세대가 적응할 수 있는 조직'은 단순히 이들 세대에만 국한되는 것이 아니다. 조직 내 핵심 인재의 공통점을 냉철하게 찾아보면 MZ세대가 갖는 특성과도 유사할 것이다.

그러고 보면, 지금 이순간 기업은 인사제도와 조직문화의 혁신의 방향과 당장의 실행에 있어서 고민할 것이 아니라 필수의 선택으로 봐야 할 것이다.

KHR<sup>한국HR포럼</sup>은 현업 HR<sup>Human Resource</sup> 담당자 1,250명이 참여하는 KHR포럼을 2008년부터 현재 160회를 개최하고 있다. 또한 '하루하루 시작<sup>始作</sup>'에 이어 'HR Experience Series' 출간을 통해 HR담당자의 현장 경험을 담아 기업의 혁신 이슈를 끌어내고 대안을 제시하고 있다.

두 번째로 출간되는 'HR Experience Series'의 주제는 디지털 환경 적응을 통해 기업의 변화를 이끌어가고 있는 'MZ세대'이다. 현업의 HR담당자와 HR전문가들의 실제적인 '경험<sup>Experience</sup>'를 통해 보다 실제적이고, 현업 적용이 가능한 방법론을 제시하고 있다.

제1장은 MZ세대의 조직 몰입을 위한 기본방향은 MZ세대가 조직 몰입을 위한 인사제도와 조직문화 혁신에 대한 방향성을 제시하고, 실제적으로 MZ세대가 원하는 조직문화는 무엇이고, 이들의 관점에서 조직문화를 어떻게 재해석 해야 하는지에 대해 다루었다.

제2장은 떠나는 MZ세대의 채용과 조직 대응은 MZ세대의 니즈 충족을 위한 성장형 인사 노무의 방법과 이들 MZ세대의 채용과 유지에 대한 기업의 대응 방법을 제시했다.

제3장은 MZ세대 조직 정착을 위한 기업의 대응에서는 MZ세대와 리더의 갈등은 무엇이고, 어떻게 대응하면 되는지 그리고 이들 MZ세대가 보다 조직에 몰입할 수 있는 방법을 제시했다. 특히 리더로서 MZ세대와 함께하기 위해 어떠한 성찰을 해야만 하는지, MZ세대가 이야기하고자 하는 바는 무엇인지를 다루었다.

제4장은 MZ세대와 기성세대의 일하는 방식 조율에서는 세대 간 오해 이슈와 상호 간 보다 잘 어울리는 방법에 대해 다루었다. 기존 세대와 MZ세대의 브릿지 연결 방법을 익히고, 조직 갈등 해결과 보다 효과적으로 유지하는 방법을 제시했다. 제5장은 MZ세대 몰입을 위한 조직문화 구축 방법은 MZ세대가 원하는 바람직한 리더십의 유형과 코칭을 통해 MZ세대와 함께하는 조직문화 구축 방법을 다루었다.

중요한 것은 세대를 특징지어 접근하기보다는 이들 세대가 조직의 중심이 되어 가면서 현재 나타나는 현상에 대해 함께 고민하며 해결해 나가는 것이다. 현직 HR담당자와 HR전문가 17명이 MZ세대에 대해 각자의 '경험 Experience'을 통해 중요하게 다루고자 하는 사실(Fact)과 각자의 관점(Think)은 무엇이고 어떠한 대안(Plan)을 제시하고 있는지 흥미로운 시간이 되었으면 한다.

『MZ Experience』 출간에 함께 참여한 김기진, 김종찬, 박호진, 김소리, 김금용, 조용민, 이진영, 김현미, 정현아, 유연재, 서형석, 가재산, 최요섭, 김대경, 홍규원, 김영헌, 조원규 등 현업 HR담당자와 HR전문가 17명 모두에게 감사의 말씀을 전한다.

KHR _ERiC Kim(김기진)

CONTENTS

## CHAPTER 1  MZ세대의 조직 몰입을 위한 기본 방향

## CHAPTER 2  떠나는 MZ세대의 채용과 조직 대응

# CHAPTER
# 1

MZ세대를
경험한 17人

성공적인
조직문화를 위한
솔루션 Tips!

# MZ세대의
# 조직 몰입을 위한
# 기본 방향

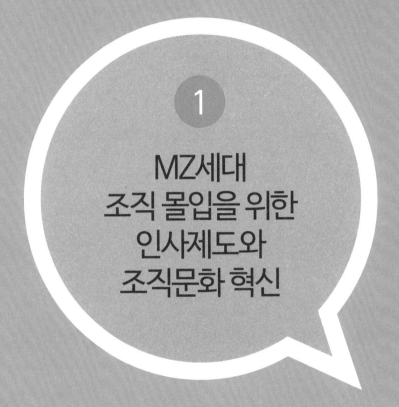

# 1

# MZ세대
# 조직 몰입을 위한
# 인사제도와
# 조직문화 혁신

## 김기진
### 한국HR포럼 대표

한국HR협회 대표로 14년간 제158회 KHR포럼 개최(회원 1,250명)와 매년 'KHR FTP 인사&인재개발 실태조사'를 발간하고 있다. 저서로는 『아하 나도 줌(Zoom) 마스터』, 『왜 지금 한국인가?(한류경영과 K-리더십_공저)』, 『하루하루 시작(詩作)』, 『내 인생의 선택』, 『코로나 이후의 삶 그리고 행복』이 있다.

# 1

# MZ세대 조직 몰입을 위한
# 인사제도와 조직문화 혁신

상상을 초월하는 환경 변화에 기업의 대응은 녹록하지 않다. 결국은 조직력이 핵심인데 조직의 주축이 되어가는 MZ세대의 '조직 몰입도 저하'는 심각한 수준에 있다. 당장 시급한 문제는 MZ세대의 조직 이탈률이다. 업종과 기업마다 차이는 있지만 입사 2년 내 조직 이탈률은 30~60%에 이른다. 이직률 현상에 대한 근본 원인은 무엇이고, 기업은 어떠한 대응을 해야만 할 것인지 전문가들의 혜안을 통해 인사제도 및 조직문화 혁신과 리더 육성의 방향을 제시하고자 한다.

MZ세대의 조직 몰입을 통해 성과를 창출하기 위한 접근은 FTP(Fact, Think, Plan) 기법을 활용했다. Fact 공유를 위해 MZ세대의 높은 이직률 원인이 무엇인지 파악했다. Think 공감에는 MZ세대의 특징과 강점에 대해 접근하고, Plan 강화에는 MZ세대의 조직 몰입을 위한 인사제도와 조직문화의 혁신 방향을 제시했다.

- Fact 공유  MZ세대 높은 이직률의 원인은 무엇인가?
- Think 공감  MZ세대의 특징과 강점은 무엇인가?
- Plan 강화  MZ세대 조직 몰입을 위한 인사제도와  조직문화 혁신은?

## Fact 공유   MZ세대 높은 이직률의 원인은 무엇인가?

MZ세대들의 '일에 대한 개념'은 기존 세대와는 확연하게 다르다. 이전에는 회사 안에 직무가 정해지고, 부서를 배치받으면 그 안에서 업무를 수행해야만 했다. 순환 근무하는 경우에는 본인의 의사가 반영되기도 하지만 대체로 조직 시스템에 의해 강제로 순환되기도 한다. 일부 리더 육성 차원에서 진행되는 경우가 있지만 운영방식 및 경직된 조직문화로 인해 그 실효성에 대해서는 의문이 든다.

MZ세대들의 '일에 대한 개념'은 회사가 아닌, '일' 그 자체이다. 본인이 선택한 일에 회사가 존재하는 것이다. 수명 연장을 비롯 기업의 환경이 평생직장의 개념에서 평생 직업으로 바뀌어 가는 현상은 이미 오래전의 일이다. 그럼에도 그동안 기업은 어떠한 변화를 시도했을까? IT관련 기업 등 일부 기업에서는 파격적인 인사제도 혁신과 조직문화 혁신을 이전과는 전혀 다른 조직 운영 방법을 통해 성공적으로 운영하고 있다. 문제는 이러한 현상이 보편화되지 못하고, 뒤늦게 대응하거나 여전히 대응할 여력이 없는 기업이 다수라는데 문제의 심각성이 있다.

## ● MZ세대의 일에 대한 개념 ●

출처: 한국HR포럼(주)

한국HR포럼(주)은 2022년 7월에 'MZ세대 조직 몰입 혁신 워크숍'을 주제로 제157회 KHR포럼을 개최했다. 25명의 현업 HR담당자와 전문가의 팀별 토의를 통해 도출한 내용은 다음과 같다.

## ● MZ세대 조직 이탈의 원인 ●

출처: 한국HR포럼(주)

MZ세대의 조직 이탈의 주요 원인은 본인의 역량에 비하여 주어진 일의 수준
과 해당 조직에서는 성장할 수 없다는 판단이 서면 곧바로 의사결정을 한다
는 것이다. 이는 조직에서 이들을 흡수할 수 있는 조직적 역량을 갖추지 못했
음을 의미한다. 막상 입사하고 보니, 자신이 생각했던 조직문화에 대해 '충격
을 받았다'는 의견이 많다. 이들 역시 치열한 경쟁을 뚫고 회사에 입사했다.
자신이 선택한 일을 쟁취하기 위해 다양한 프로젝트를 수행하고, 열정을 다
한 세대이다. 그러나 막상 회사에 입사를 하고 보면, 위압적인 상사의 태도
와 무조건 시키는 대로 일을 처리해야 하는 상황에 강한 충격을 받는다는

것이다.

MZ세대는 디지털 시대에 탁월하게 적응한 세대이다. 때문에 이들의 가치관과 일을 처리하는 방식은 기존 세대와는 확연하게 다름을 보인다. 기존 세대가 10시간에 처리할 일을 단 10분 만에 처리할 수 있는 뛰어난 역량을 가진 세대이다. MZ세대 한 명이 기존 세대의 2~3배 이상의 성과를 낼 수 있다는 것에 공감하려는 시도가 필요하다.

현업 담당자의 경험에 의하면 MZ세대의 역량 수준은 중간이 없다는 것이다. 일을 정말 잘하거나, 그렇지 못한 경우로 양분된다고 한다. 채용의 상황에 따라 다를 수는 있겠지만, 필자의 경험을 비추어 볼 때 공감이 된다. 단계별 접근을 통해 인재라고 채용하지만 그럼에도 불구하고 전혀 기본이 안 되는 신입을 채용하고 있는 것이다. 채용 시스템에 대해서는 여기서 다룰 주제는 아니기 때문에 MZ세대의 부정적 측면을 몇 가지 정리해본다. 회사에 대한 애착보다는 일과 연봉에 관심이 많은 경우 기회만 되면 곧바로 퇴사를 한다. 이들은 회사를 성장의 기회로만 치부한다. 즉, 다음 회사로 옮겨가기 위해 빠르게 딛고 지나갈 '발판(회사)'에 불과한 것이다.

역량이 되지 않은 신입이 이탈하는 것은 문제가 안 된다. 그러나 역량이 있고 개인의 성장에 몰입되어 있는 MZ세대가 조직에 보다 집중하고 성과를 창출할 수 있는 인사제도와 조직문화는 재구축해야만 한다.

M세대는 이제 곧 조직의 리더로서 기업을 이끌어 가는 주체가 된다. 이들의 이탈은 조직의 경쟁력 약화에 치명적인 원인이 될 수 있다. 새로운 인사제도의 도입과 조직문화의 혁신은 지금 당장 실행해야만 하는 당연한 업무이다.

이는 MZ세대의 문제에 국한된 것이 아니라 21세기 환경 변화의 흐름에 맞게 기업의 조직 변화는 당연한 수순이기 때문이다.

**Think 공감** ▷ MZ세대의 특징과 강점은 무엇인가?

MZ세대의 특징과 강점에 대해서는 현업 HR담당자 254명의 응답(2021. 12. 15) 내용을 토대로 다양한 의견 중 중복된 내용을 중심으로 객관성을 유지하면서 정리했다.

MZ세대의 특징과 강점에 대한 기존 세대의 반응은 필자가 공감하는 부분도 있지만 의외성을 보인 대목도 많다. 필자의 예상보다 현업 담당자들은 MZ세대의 역량을 뛰어나게 평가하고 있었다. 실제 현업에서 일을 함께 하는 세대인 만큼 이들의 의견은 공감할 필요가 있다.

기존 세대가 함께 하고 있는 MZ세대의 특징과 강점은 그 어느 세대보다 사회 변화에 빠르게 적응하고, 유연하면서도 창의적인 사고를 가지고 있다는 것이다. 가장 두드러진 특징은 '목적이 명확하면 몰입하는 자세를 갖추었다'는 것이다. 이는 조직문화의 혁신 방향을 제시하는데 중요한 단서이다.

MZ세대는 정보에 빠르고, 참신한 아이디어와 발 빠른 시대의 트렌드에 민감하고, 자유롭게 자신의 의견 표출하기 때문에 회의 진행 시 이전과 다른 성과를 보이고 있다. 기존 체제에 신경 쓰지 않고 담대하게 직진하는 성향을 띠며, 합리적 사고를 바탕으로 다름에 대한 존중감이 높고, 디지털 변화에 따른 빠른 이해와 적응으로 높은 성과를 창출해 내고 있다.

변화에 유연하고, 새롭고 이색적인 것을 추구하며 자신이 좋아하는 것에 쓰는 돈이나 시간을 아끼지 않는다. 특히, 디지털 활용과 더불어 자신을 위해 과감하게 투자하는 성향이 높기 때문에 일 처리 방식이 기존 세대와는 전혀 다른 접근과 성과를 내는 이들을 통해 조직 변화의 기회를 찾아야 한다는 의견도 있다.

254명의 HR담당자들이 갖는 MZ세대에 대해 생각은 매우 구체적이다. 아날로그부터 디지털까지 섭렵한 세대이며, 메타버스 등 고도화되어가는 디지털 환경에 쉽게 적응하고 있는 만큼 생각의 폭이 넓은 것을 장점으로 보고 있다. 새로운 것을 추구하고 흥미를 보이며 집요하게 몰입하는 성향은 일하는 방식에서도 쉽게 볼 수 있다고 응답했다.

새로운 기술이나 프로그램에 쉽게 적응하며 그들의 솔직한 감정을 표현하는 것을 보며 당황할 때도 있지만, 핵심을 찾고 대응하는 데 매우 뛰어나다고 말한다. 특히 지시가 합리적일 경우 수긍하고 잘 따르기 때문에 일을 무조건 지시하기보다 그 일이 무엇인지, 왜 해야 하는지, 왜 그러한 방법으로 해야 하는지에 대해 상세하게 이야기해주는 것을 선호한다. 사실 현업에서 경험을 해보았겠지만, 지금의 현장 상황은 계획대로 움직여지는 경우가 많지 않다. 때문에 현장에서 상황을 명확하게 파악하고 즉각 대응하기 위해서는 일에 대한 기본 이해와 이유에 대해 명확성이 있어야 스스로 현장 대응을 할 수 있다.

기존 세대보다는 서로 다름을 이해하고 존중하기 때문에 각자의 개성을 표출하는 것에 어려움이 없다. 기존 조직의 틀에서 벗어나 자유로운 사고를 하기 때문에 새로운 대안을 찾는데 탁월한 역량을 발휘한다. 더욱이 본인이 하고자 하는 일이 명확해서 별도의 교육을 하지 않아도 그 일에서 꾸준히 성장하기 위해 스스로가 투자를 해서라도 학습을 하는 세대이다. 더욱 놀라운 것은 기존 세대보다 경험 지식이나 정보가 많고 이에 대한 접근성도 뛰어나다는 것이다. 유튜브 등의 매체를 통해 관련 정보에 쉽게 접근하고 관심주제이기 때문에 몰입도가 높아 이전 세대보다 다양한 지식을 보유하고 활용한다는 것이다. 다만, 공동체보다는 자신이 먼저이고, 자신의 일을 실행하기는 빠르나 타인과 공유하기를 미루는 경향이 있다. 때문에 장점은 최대한 살리고, 조직 운영상에서 보이는 단점은 서로 보완하며 MZ세대가 조직 몰입을 통해 지속적인 성과를 창출하도록 하는 데 주력해야 할 것이다.

**Plan 강화** ▶ MZ세대 조직 몰입을 위한 인사제도와 조직문화 혁신은?

조직문화를 새롭게 구축하고 혁신하려는 노력은 이미 2008년부터 시작되었다. 당시 리먼 브러더스<sup>Lehman brothers</sup>의 파산보호 신청 사태를 계기로 글로벌 금융시장에 급속한 신용경색이 발생하였으며, 그 결과 금융 부문의 불안이 실물경제로 급속히 전이되어 세계 경제성장률도 급락하였다. 한때 미국의 4대 투자은행이었던 거대 금융그룹 리먼 브러더스의 파산은 전 세계 금융시장에 커다란 파장을 일으켰다. 2008년 6월 한국의 산업은행이 M&A 입찰에 참가를 하기도 했으나, 결국 같은 해 9월에 파산 신청을 했고, 이 때문에 미국이 정말 망할 뻔했다고 전해질 정도로 그 파장과 충격은 매우 컸다.

금융회사가 파산할 경우 일반 기업의 파산과 달리 그 파급력은 상상을 초월하는 고통을 준다. 그럼에도 대한민국은 매우 적극적인 재정 및 통화 정책과 글로벌 정책공조를 통한 세계경제 회복에 힘입어 2009년 들어서부터 빠른 속도로 경기를 회복시켰다. 당시 우리나라는 국제신용평가사나 국제기구들로부터 이번 글로벌 금융위기를 가장 잘 극복한 국가로 인정받았으며, 정책당국의 시의적절한 대응과 더불어 가계, 기업 등 경제주체들이 그만큼 저력을 갖추고 있었기 때문에 가능했다. 이러한 위기 극복과정에서 우리 경제는 글로벌 경기흐름에 선행하는 모습을 보이며, 세계경기에 민감한 반도체 등 IT산업 비중을 높이며, 수출 제조업 강점을 발휘하는 데 주력했다. 1997년 외환위기 극복과정에서 구조조정 추진으로 기업 및 금융 부문의 대외 충격 흡수능력을 갖추고 조직 경쟁력을 갖추어 가고 있었기 때문에 그 충격을 빠르게 회복할 수 있었다.

대한민국은 코로나19 팬데믹 상황에 대응하는 과정에서 디지털화하는 시대 변화에 더욱더 빠르게 적응하고 있다. 재택근무, 거점별 오피스 등 새로운 근무 형태의 도입으로 이동시간을 줄이고 효율 중심의 조직 시스템으로 변모하기 위한 시도와 안정화가 이루어지고 있다. 이러한 상황에 두각을 나타내고 있는 세대가 바로 'MZ세대'이다.

앞서 살펴본 바와 같이 이들의 사고방식과 일 처리 방식은 기존 조직의 시스템과 많은 면에서 차이를 보인다. 21세기의 환경변화 속도에 맞춰 변화를 시도해야 하는 과제는 사실상 MZ세대뿐만이 아닌 기업 역시 당연히 가지고 있다. 속도를 늦추지 않고 끊임없이 변화를 시도한 기업들은 코로나19 상황에도 여전히 성장성을 보이는 반면, 변화에 적응하지 않은 기업은 파산하거나 고전을 면하지 못하고 있다.

현재의 상황을 MZ세대로 한정하여 구분하는 것이 무리가 있으나, 이들에게 공통적으로 들어나는 특성을 보면, 기업이 현재 어느 시점부터 어떠한 방향으로 변화를 시도해야 하는지 그 해답을 찾을 수 있다. 그렇기 때문에 다수 기업들이 MZ세대의 요구를 대폭 수용하는 방향으로 내부 인사조직 시스템과 조직문화를 파격적으로 바꾸려 노력하고 있는 것이다.

기업이 변화하기 위해 가장 일반적으로 시도하고 있는 것은 MZ세대의 조직 몰입도 증진을 위한 근무환경 개선과 인사정책의 수정이다. 채용과 인력 이탈 방지를 위한 업무환경과 급여 설정에 보다 파격적인 이슈를 던지고 있는 것이다. 무엇보다 MZ세대가 조직의 주요 계층을 이루면서 그들을 리드하는 리더의 가치관과 느린 업무처리 방식의 변화를 긴급하게 처방하고 있다. MZ세대는 일방적 지시가 아니라 구체적이고 빠른 피드백을 원하기 때문에 왜 이 일을 하는지, 이 일이 어떤 기여와 성과를 내는지 그 이유(Why)를 명확하게 공유해주어야 한다. 또한, MZ세대들이 회사에 원하는 것이 정확하게 무엇인지? 그들이 무엇을 가장 중요하게 생각하는지? 그들의 니즈를 좀 더 구체적으로 파악하고 이를 해소하기 위해 노력해야만 한다.

MZ세대는 본인이 원하는 것에 대해서는 생각보다 매우 협조적이지만, 관심이 없는 업무에 대해서는 매우 수동적인 반응을 보이기 때문에 자발적인 참여를 유도해야 하는 것도 또 하나의 과제이다. 공정성과 투명성을 중시하며, 철저한 보상체계를 요구하지만 현실적으로 기업에서 이 모든 것을 소화하고 대응하기는 역부족이다. 일정 수준에서 계층 간 서로를 배려하고 이해하는 노력이 필요하다. 이러한 노력의 방향을 최근 조사한 설문 결과에서 발견해보자.

## 취준생들이 기업 선택 시 중요하게 생각하는 것은 무엇일까? (응답자 60명, 2022년 7월)

- 사회 초년생 신분에서 워라밸을 따지기보다는 많이 배우고 성장하는 것을 중요시 한다.
- 취업이 목표가 아닌 내가 발전할 수 있는 회사를 목표로 한다.
- 입사 전후의 내 모습이 같다면 그 회사에 있을 이유가 없다.
- 업무에 집중할 수 있도록 지원해주는 환경과 조직문화가 중요하다.
- 회사를 믿고 다닐 만하다, 내가 일 할 맛이 난다는 느낌을 갖도록 하는 것이 중요하다.
- 월급이 우선인 것보단 내 심신의 안정을 유지할 수 있는 기업을 원한다.
- 워라밸을 포기하지만 그 대신 많이 배우고 저축을 많이 할 수 있는 회사였으면 한다.
- 스스로 성장하고 살아있음을 느끼는 업무를 하고 싶다.

## 조직은 향후 어떠한 노력을 하길 바라는지에 대한 응답은 취준생 및 직장인의 응답을 종합하여 아래와 같이 정리했다. (응답자 315명, 2021년 12월~2022년 7월)

- MZ세대에 대한 관심과 연구를 통해 이들을 타겟으로 하는 제도 구축 마련 필요하다.
- MZ세대가 관리자가 되면서 일 중심의 조직관리와 수평적인 문화로 변화되어야 한다.
- 성장 욕구 충족의 교육 제공과 개인별 경력개발 프로그램 지원이 필요하다.
- MZ세대가 꾸준하게 성장할 수 있도록 회사 내에서 육성 프로그램을 운영해야 한다.

- MZ세대로 하여금 본인의 창의력을 충분히 발휘할 수 있는 업무환경을 조성해야 한다.
- 팀 내 적응을 위한 워크숍, 신입사원 교육으로 조직에 빠르게 적응하도록 지원해야 한다.
- 프로젝트 별 계약 형태로 개인이 여러 회사와 동시에 일을 수행하는 형태도 병행되어야 한다.
- 조직 내 팀장의 역할 비중이 과거 어느 때보다 중요한 만큼, 기존 리더들의 변화 교육이 필요하다.
- 기존에 자리 잡혀 있던 기성세대의 인식에 변화를 주어야 한다.
- 조직문화 구축과 업무하기 좋은 환경을 조성해야 한다.
- 인사제도와 보상체계의 공정성, 합리적인 평가시스템을 구축해야 한다.
- MZ세대 유입을 위한 장치로 처우 조건, 복리후생, 조직문화 등의 혁신을 추진해야 한다.
- 명확한 근거와 논리에 의한 업무처리 프로세스를 강화하고 불합리한 지시를 제거해야 한다.
- 합리적인 절차를 통해 업무의 명확한 지시와 피드백을 강화해야 한다.
- 명확한 부서별 R&R에 따라 직무가 수행될 수 있도록 해야 한다.

앞으로 인류와 국가, 그리고 기업은 물론 우리의 일상생활에 밀려올 위기는 산적해 있다. 21세기에 접어들어 20여 년이 지난 지금, 그 변화의 속도는 상상하기 힘들 정도이다. 문제는 이러한 변화의 속도는 점점 더 빨라질 것이 자명하다는 사실이다. 현재 시점에서 우리가 지금 당장 해야 할 것은 무엇인가?

기업의 안정적 성장은 일상생활의 기반이며 국가 안위의 기초이다. 지금까지 잘 버텨온 기업은 운영 시스템의 변화도 중요하게 다뤄왔지만, 무엇보다 조직문화를 빠르게 바꾸었다. 일의 재정의를 통해 기존에 방치하고 있던 낭비 요소를 줄이고, 일의 효율성을 중심으로 재편하면서 젊은 세대들이 보다 성과를 낼 수 있도록 한 것이다. 주체성이 강한 MZ세대가 더욱더 창의적으로 몰입할 수 있는 조직문화를 새롭게 구축하고, 기존 세대의 리더십 변화를 통해 위기의 상황을 오히려 성공의 기회로 만들어 낸 것이다.

한국인의 근면과 성실 그리고 창조적인 발상으로 산업화와 정보화 시대를 열어가고 있는 지금, MZ세대의 강점이 개인과 조직에 더욱더 긍정적인 영향력을 발휘할 수 있도록 하는 것은 매우 중요하다. 자신이 하는 일에 대한 가치를 중시하기 때문에 자신의 관심 분야에 대해서는 일을 더하고, 밤을 새워야 하는 것쯤은 오히려 즐거움으로 여기는 MZ세대는 '워라블'<sup>Work-Life Blending</sup>'을 중시한다. 일과 삶의 균형을 중시하는 '워라밸'<sup>Work-Life Balance</sup>'을 넘어 일과 일상이 서로 어우러짐에 주목하고 있다. 직장이 아닌 직업을 선택하는 MZ세대의 특성을 시대의 흐름이라고 치부하기보다는 그들의 가치관인 Z-속도에 관심을 두고 따라가려 노력해야 한다. 그것만으로도 조직의 방향 설정과 이를 탄탄하게 만드는 조직문화는 시간이 지나면서 더욱더 정교하게 다져질 것이다.

## 2

# MZ세대가
# 원하는
# 조직문화는?

**김종찬**
다이킨코리아 과장

인사총무직을 시작으로 30인 미만 기업, 대기업 계열사의 인사담당자, 3,000인 이상의 중견기업 본사 인사팀 등 한국의 다양한 기업형태에서 인사 경험을 가지고 현재는 일본 본사의 한국법인에서 인사총무 파트장을 맡고 있다.

# 2

# MZ세대가 원하는 조직문화는?

MZ세대의 특징을 파악하기 위해서는 먼저 그들의 형성 배경을 알아볼 필요가 있다. 모든 세대는 어느 순간 갑작스럽게 나타나는 것이 아니고 과거 세대들의 의식의 흐름을 계승하고 있다고 생각된다. 특히, 대한민국은 100년도 안 되는 짧은 기간 동안 각종 시민운동과 1~3차 산업혁명 등 서양에서 겪은 사회적 변동과 혼란을 압축적으로 겪었다. 이렇다 보니 한 세대 한 세대가 각각 다른 시대적 이데올로기 속에서 자라왔다. 각기 다른 성장환경 속에 자라고 저마다 다른 사고방식을 내재하고 있는 것이다.

이에 MZ세대 기준 두 세대 윗세대부터 그들의 환경을 보고자 한다. 먼저 MZ세대의 할아버지 세대 격인 베이비부머세대(1946~1964년생)이다. 그들은 5·16군사쿠데타, 새마을운동 등의 역사적 사건을 겪었다. 그들은 경제 자유화가 시대적 이데올로기로서 먹고 사는 데 있어서의 생존이 가장 큰 욕구가 되었다. 생존이라는 욕구를 해소하기 위해서 그들은 무엇이든지 하였고, 어떠한 환경에서도 악착같이 참고 견뎌내고 조직에 절대적으로 충성하였다. 하지만 아이러니하게도 이들은 IMF 외환 경제 위기를 겪으며 사회 정년이 앞당겨지는 희생을 강요받아 다시금 생존의 욕구에서 벗어나지 못했다.

다음 세대는 MZ세대의 아버지 세대 격인 386세대(1965~1974)이다. 그들은 6·10항쟁, 민주화 운동 등의 역사적 사건을 겪었다. 베이비부머세대의 희생과 활동에 의해 그들은 생존에 대한 욕구는 이미 당연히 채워진 것이 전제가 되었다. 이제 그들에게는 민주자유화가 시대적 이데올로기가 되어 사회적 자유·선택을 할 수 있는 권리 쟁취가 가장 큰 욕구가 되었다. 이들은 자신들이 쟁취하고자 하는 큰 목적 또는 대의를 위해 모이고 집단, 단체를 형성하였다. 집단 또는 단체 안에서는 목표를 쟁취하고자 개인의 자아는 일부분 혹은 상당 부분을 희생할 수도 있었다. 다수결의 원칙 또는 다수를 위한 소수의 희생이 이들에게는 당연할지도 모른다.

윗세대는 생존을 위해 살아오다 결국 생존의 욕구에서 벗어나질 못했을 뿐만 아니라, 다수의 자유와 선택을 위한 삶을 살다 보니 개인의 자유와 선택이 희생되는 아이러니를 보이고 있다.

다음으로 MZ세대의 특징을 예측해 보고자 한다. 앞선 두 세대의 특징을 욕구의 관점에서 풀어보았듯이 MZ세대도 동일선상에서 풀어보고자 한다.

그림과 같이 매슬로의 5단계 욕구에서 베이비부머세대와 386세대는 각기 생리적 욕구~소속의 욕구까지를 추구해왔다고 볼 수 있다(386세대가 집단을 형성하고 행동하는 모습을 필자는 소속의 욕구로서 해석한다).

하위의 욕구가 충족되면 상위의 욕구를 추구한다는 매슬로의 이론을 차용한다면, 이미 앞선 세대가 하위의 욕구를 충족시켜주었으므로 MZ세대는 상위의 욕구를 추구할 것이다. 즉 존경과 자아실현의 욕구가 될 것이다.

실제로 이들의 성장 환경은 형제, 자매보다는 본인 혼자만 있는 가정 속에서 자라와서 부족함 없이 본인이 뜻하는 것을 다 이룰 수 있었다. 이러다 보니 본인의 자아실현을 충족하지 못하면 가장 큰 절망과 충격 또는 반발을 하게 된다. 대표적인 예로 수십 대 일로 어렵게 토너먼트 속에서 승리를 쟁취한 대기업의 취업 또는 공무원 합격에도 불구하고 본인이 생각한 그것과는 다를 경우 과감하게 박차고 나오는 것이 한 예가 될 것이다.

## ▶ MZ세대 행동 양상의 특징

MZ세대는 어린 시절 부모 세대로부터 항상 구체적인 지시 또는 요구를 받아왔다. 예를 들어 명문대 법대를 가기 위하여 학교생활 이외에도 각종 학원, 과외들로 스케줄링을 받은 것이 하나의 예시일 것이다. 명문대 법대를 가기 위해선 어떤 과목과 어떤 스펙이 필요한지 명시하여, 몇 시 몇 분에 어디에 가서 어떠한 과목을 공부해야 하는지 지시받아 왔다. 즉, 구체적인 지시와 명확한 결과물을 요구받아 왔으며 이를 수렴하게 되었을 경우 무서울 정도의 몰입도를 보이고 성과를 보인다.

더불어 이들의 성장 과정은 연속된 토너먼트라고 할 수 있다.[1] 명문고에서 명문대학교로, 명문대학교에서 대기업으로의 취업을 위한 토너먼트의 연속에서 그들은 공정함을 그 어느 세대보다도 중요한 가치로 여기고 있다. 그들은 공정함을 판단하기 위한 도구로서 투명성을 강조한다.

이제 MZ세대는 그들의 몰입력으로 존경과 자아실현의 욕구를 실현하고자 할 것이며, 만약 그것이 투명하지 못한 과정에서 공정함을 잃었다고 생각되면 쉽게 무너지게 된다. 물론 그 투명성과 공정함의 기준이 본인만의 것이냐, 보편 타당한 것인지의 객관성은 실제 인사 업무를 진행하면서 느낀 필자의 경험을 반영한 것이다.

---

1) 신재용, 공정한 보상

## ▶ MZ세대의 특징에 대한 조직 반영을 위한 담론

### 1) 그들이 원하는 조직

MZ세대가 원하는 조직은 무엇인가?

필자는 놀이공원과 놀이터로서 비교하고 싶다. 놀이공원은 돈을 지불하여 정해진 룰과 코스, 놀이기구를 즐기는 장소이다. 이는 지극히 수동적이다. 내가 정할 수 있는 것이라고는 기껏해야 어떤 놀이기구를 먼저 탈것이냐 정도이다. 내가 할 수 있는 범위가 극히 한정된 조직에서는 몰입은커녕 동기부여조차 되지 않을 것이다. 아니 애초에 그 조직에 들어가지조차 않았을 것이다.

그렇다면 놀이터란 어떤 곳인가? 아무런 규칙과 통제 없이 단지 놀고자 하는 사람들이 모일 수 있는 장소만 제공된다. 제공된 장소에 모인 사람들끼리 자신들이 원하는 룰을 만들어 자신들이 원하는 놀이를 하면서 즐기고 노는 공간이다. 놀이공원과는 다르게 지극히 능동적이고 창조적인 접근을 필요로 한다.

MZ세대는 이런 놀이터와 같은 조직을 원한다. 틀에 박힌, 소위 말하는 꼰대들의 세상이 아닌 자율과 위임 속에서 자신들의 능력을 마음껏 발휘할 수 있는 터를 찾아 지원하고 그곳에서의 룰이 맞지 않으면 다른 터를 찾아 떠나 다시 즐긴다. 그곳에 서열은 없다. 수평적이다. 누구나 동일한 조건과 환경에서 일을 하고 공정하게 평가하여 보상을 받는다. 누군가는 그 보상에 의미를 둘 수 있고, 누군가는 본인의 성과 자체에 의미를 둘 수 있다. 다만 그 터에서는 동일하게 몰입을 할 것이다.

### 2) 그들이 원하는 리더

그렇다면 MZ세대들은 놀이터에서 어떻게 룰을 정하고 놀 것인가?

'MZ세대 행동 양상의 특징'에서 MZ세대의 어린 시절 부모세대에게 구체적인 지시와 요구를 받아왔고 즉각적인 결과물을 확인하였다고 서술하였다. 놀이터 안에 부모세대를 대신할 리더가 필요한 것이다. 하지만 일방적이거나 강압적인 보스가 아니다. 그들이 원하는 리더는 다음과 같지 않을까 생각한다. 종합하면, 회사의 제반 사항을 파악하여 업무 진행에 필요한 인적, 물적 지원을 가능케 하는 리더일 것이다.

- 감시자가 아닌 함께 즐기고 항시 의사소통(피드백)이 가능한 존재
- 놀이터의 룰(의사결정)을 정하기 위해 나보다 뭔가는 좀 더 알고 있는 존재
- 놀이터의 구조를 잘 파악하여 놀이를 좀 더 재미있게 진행할 수 있는 존재

## 3) 조직 반영 실전

왜 회사는 MZ세대의 이탈을 사회적 문제로만 보는가?

한국의 취업 구조는 직장에 취업하는 것이 아닌 직무에 취업하는 것이라고 생각한다. 직원을 수십 년간 책임질 만큼의 규모와 경력 개발 지원 계획이 마련된 기업은 얼마나 될까? 대기업을 제외한 대부분의 기업이 입사 후 3~5년 경력을 쌓게 되면 더는 그 직장에서 배울 것이 없다. 그렇다고 해서 그 직원의 급여를 동결시키느냐? 그렇지도 않다. 동일한 업무에 고임금을 주고 있다. 더 나아가 승진이라도 한다면 해당 업무를 쪼개어 후배 직원까지 채용하는 매우 비효율적인 업무 관리를 하고 있는 것이 현실이다.

물론 입사 1년 미만의 인력이탈은 심각한 문제로 봐야 하지만 위와 같은 상황에서의 인력이탈은 어쩌면 좋은 인력 순환이 아닐까? 때문에 기업 생태계 자체를 하나의 CDP$^{Career\ Development\ Plan}$로 보고 하나하나의 기업들은 직무별로 어느 위치

의 경력개발경로 <sup>Career Development Path</sup> 에 있는지 파악해야 할 것이다. 그러한 관점에서 기업은 두 가지 측면을 준비해야 한다.

첫째, 인력 순환을 대비한 업무의 매뉴얼화를 추진하자.

어차피 인력은 순환된다는 것을 전제로 하여 새로운 인력이 들어왔을 때, 그 기업 특유의 업무처리 방식이 있다면 그것을 매뉴얼화하여 즉시 전력화할 수 있도록 대비하는 것이다. 경력자의 경우 본인의 직무를 이미 충분히 전문화했을 것이고 본인의 역량을 입사한 기업에 맞춰 펼칠 수 있도록 제대로 된 매뉴얼만 제공한다면 금방 전력화할 수 있다.

둘째, 인력과 인재를 구분하여 관리하자.

같은 세대라 하더라도 모두가 같은 사고방식, 행동 패턴을 보이지는 않을 것이다. 그 안에서도 누구는 직무 특화, 누구는 조직 특화로 각기 개성이 있을 것이다. 회사의 방향성 또는 비전과 부합하는 인재와 인력 순환자가 아닌 조직에 특화되어 장기 근속할 것으로 예측되면서 관리능력이 보이는 사람(조직 특화)을 구분하는 것이다. 인재와 장기근속이 기대되는 관리자 유형은 기업에서 적극적으로 이탈 방지를 위한 정책을 만들어 보다 조직에 몰입할 수 있도록 지원해 주어야 할 것이다.

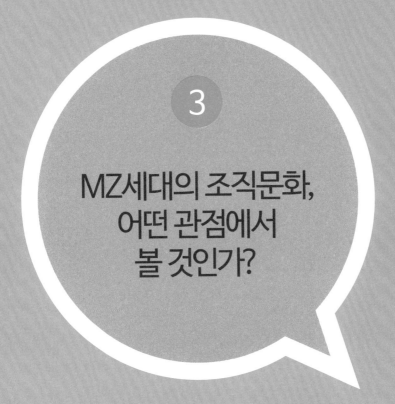

3

# MZ세대의 조직문화,
# 어떤 관점에서
# 볼 것인가?

**박호진**
**웰컴금융그룹** 이사

LG전자 인재육성그룹에서부터 시작하여 대기업, 중견기업, 스타트업 등 다양한 조직에서 HR 경험을 쌓았으며, 아주대 MBA에서 인사조직을 전공하였다. 현재는 웰컴금융그룹의 전략경영실에서 HR Director로서 HR전략과 조직의 긍정적인 변화에 대한 고민을 하고 있다.

# 3

## MZ세대의 조직문화,
## 어떤 관점에서 볼 것인가?

MZ세대의 사회 진출이 많아지며, 그들의 역할과 영향력이 커지고 있다. 소비계
층의 한 축으로 떠오르며, 사회와 기업에서 많은 관심을 가지고 그들만의 특징
을 파악하고자 접근하고 있다. 기업에서 MZ세대 구성원의 비중도 빠르게, 그리
고 지속적으로 늘고 있다. 필자가 재직했던 기업 3곳도 MZ세대 구성원이 각각
약 90%, 62%, 80% 정도로 큰 비중을 차지했다.

MZ세대가 모두 같은 생각과 동일한 특징을 나타낸다고는 생각하지 않는다.
얼마 전 KHR에서 주관하여 참석했던 'MZ세대 조직 몰입을 위한 혁신 워크숍'
에서 나온 의견처럼 개인 성향 등의 차이는 있기 때문이다. 다만 기성세대와의
차이는 분명히 있는 것 같다. 예를 들어 퇴사 시기의 빠른 결정, 자기 삶의 균형
중시, SNS 등을 통한 빠른 정보교류이다.

요즘 기업을 지원할 때 어렵게 합격하고도 잡플래닛 등의 평점, 후기를 살펴본 후 입사를 포기하는 경우도 많다. 이 때문에 기업 입장에서는 이들의 퇴사, 업무 몰입도, 기존 세대와의 갈등에 대해 많이 고민하고 다양한 시도를 하려고 노력 하고 있다.

이러한 고민과 시도들은 굉장한 의미가 있다. 이전에는 구성원들이 세대적인 특 징 혹은 다양성을 고려하여 변화나 개선을 하려는 시도 자체가 드물었기 때문 이다. 물론 지금도 제조업, 유통업 등의 전통적인 비즈니스를 하는 기업들과 많 은 중소기업은 대표나 영향력 있는 임원들의 성향, HR의 관심과 역량 부족, 시 간 부족 등의 이유로 구성원들이 그만두면 다시 뽑고 하는 다람쥐 쳇바퀴 같은 일들이 계속되고 있다. 이로 인해 이 업무를 수행하고 있는 HR 부서 구성원들 도 동기부여가 떨어져 있고, 긍정적인 변화에 회의적이며, 이직을 시도하는 경우 가 많다. 문제는 이를 MZ세대 구성원들이 모르지 않다는 것이다. 회사 사정 이 이러할진대, 그들이 최선을 다해 성과를 내는 것은 기대하기 어렵다.

일부 대기업, 플랫폼 기업, IT 기업, 스타트업 등에서 이러한 문제를 조금이라도 개선하고자 복리후생 개선, 새로운 근무 형태, 새로운 제도나 이벤트를 수립하 거나 도입하는 경우들이 있는데, 경영진, 임원, HR의 입장에서 제도나 이벤트 를 만들어서 탑다운 방식으로 진행되는 것을 자주 보게 된다.

영어 닉네임을 사용하고 수평적인 문화를 지향한다고 하는 스타트업에서조차 이러한 개선을 위해 타운홀 등을 하지만 일부 경영진이 답을 정해놓고 진행하는 경우도 많다. 그래서 '젊은 꼰대'와 같은 신조어들이 생기는 것 같다. 이는 지극히 MZ세대의 입장이 아닌 조직 입장에서의 일방적이고 또 다른 수직적인 관점에서 조직문화의 변화를 바라보고 접근하기 때문이다.

A사의 경우 다양한 MZ세대들을 고려한 조직문화 활동을 한다는 홍보를 본 적이 있었다. 그런데 우연히 저녁 자리에서 이야기를 나누게 된 A사의 MZ세대 구성원은 그러한 활동에 대해 잘 인지하지 못하고 있었고, 일부 불만스러운 것들을 이야기하였다. 특히 업무시간 외에 해야 하는 활동과 회사 상사와 의무적으로 하는 활동에 대해서는 오히려 상당한 불편함을 느끼고 있었다. 도대체 누구를 위한, 무엇을 위한 활동이란 말인가?

우리가 MZ세대인 구성원들의 입장에서 조직문화를 바라보고 접근한다면 그들과 직접 이야기하고, 그들이 정말 장점으로 생각할 수 있는지 진지하게 성찰할 필요가 있다. 필자는 MZ세대 구성원들과 밥을 먹거나 이야기하는 것을 좋아한다. HR 업을 하고 있는 나에게 도움이 되고, 그들에게서 신선한 인사이트를 얻기도 하기 때문이다.

그렇지만, 아쉽게도 MZ세대 구성원들은 그들끼리 저녁을 먹거나 점심을 먹을 때 회사 법인카드를 지원해주거나 필자의 비용으로 결제해 줬을 때 반응이 더 좋았던 거 같다. 생각해 보면 이러한 점은 MZ세대들의 특징이라기보다 필자 역시 회사생활을 하며 비슷하게 느꼈던 것이긴 하다. 다만 MZ세대들은 우리 세대보다 조금은 더 표현이 솔직한 것 같다.

필자의 이야기에 어느 중견기업 임원은

"아니 그게 밥값만 주고 아무런 이득이 없는 거 아닌가요? 윗사람이 조직관리를 하기 위해서는 당연히 같이 있어야 하고, 그냥 자기들끼리 먹는 거는 개인 생활인데 본인들이 내야지. 요즘 젊은 친구들은 회사생활, 내 생활을 구분하는데, 그럼 회사에서도 명확히 구분해야 한다고 생각하는데…."

MZ세대 구성원들은 본인 회사의 임원이 이러한 생각을 하는 것을 알게 되면 어떻게 생각을 할까?

우리나라 공채 문화가 일부 기업들을 제외하고 점차 역사 속으로 사라지고 있지만, 공채 문화의 장점도 있었다. 그들끼리의 끈끈함과 유대감이다. 이것이 퇴사율을 낮추는 한 요인이기도 했다. 물론 공채 문화의 장단점이 있기 때문에 공채 문화를 적극적으로 옹호하고 지지하고자 하는 것은 아니며, 지금은 수시 채용의 필요성에 상당히 공감하고 있다.

MZ세대 구성원들끼리의 유대감은 조직 성과 창출에 매우 중요한 이슈이다. MZ세대들이 상당히 예민하게 받아들이는 평가와 보상, 꼰대 상사, 일과 삶의 균형 문제들이 크지 않다면 구성원들끼리의 유대감이 그들의 이탈을 막고 조직력을 강화시키기 때문이다.

실제로 필자가 재직했던 C사에서 MZ세대들의 면담을 많이 진행했었다. 그들의 고충은 다양하면서 비슷한 점이 많았다. 선배나 상사와의 갈등과 어려움, 야근, 수직적이고 딱딱한 문화, 멋지고 화려한 직장인의 꿈을 꾸고 입사했으나 실상은 하위 단위의 업무부터 시작해야 하는 괴리감이다. 그들 입장에서는 역량이 높지 않거나 성과가 높지 않은 선배나 상사들의 높은 연봉과 높은 인사평가, 피드백 없다가 1년에 한 번 통보되는 평가 결과, 이직, 향후 커리어 등에 대한 불만이 많다. 사실 HR이 면담을 하지만 떠나려는 구성원들을 잡기는 쉽지 않다. 그들의 일하는 여건, 환경, 상사와 동료들의 관계는 단기간에 변하기 어렵기 때문이다.

C사에서 필자가 도입했던 프로그램 중 한 가지는 입사 1년 후 동기들만의 시간과 장소를 마련해 주는 것이었다. 입사 후 1년이 지나면 각자의 부서에서 어떤 일을 하는지 잘 모르기 때문에 각 부서의 역할과 해당 부서에서 본인이 담당하는 업무, 그리고 1년 동안 쌓인 그들 나름의 노하우knowhow를 공유하도록 한다. 그리고 저녁 시간에 프리Free하게 그들만의 이야기를 하며, 맥주 한 잔 마시면서 원하는 음악이나 영상을 보면서 에너지를 발산하게 하고, 다음 날 보드게임과 보물찾기 등으로 구성되어 진행하였다.

1박 2일 중 보통 다음 날 산을 가거나 산책하는데, 참여하는 MZ세대들의 의견을 반영하여 보드게임을 진행하고, 보물찾기는 경쟁이 아닌 모두가 하나씩은 가져갈 수 있도록 하되, 2개 이상을 찾은 구성원은 다른 구성원에게 양보하거나 알려주어서 협업을 유도하는 형태로 설계하여 진행했다.

Orientation → 부서와 하는 일 소개 / knowhow 공유 → Free dinner Party → 보드게임 → 보물찾기 → Goodbye

중요한 건 이러한 프로그램만으로도 이직 의사를 밝혔던 MZ세대 구성원 5명이 퇴사를 취소하였다는 것이다. 그들끼리 공식적으로 모여서 이야기 나누고 교류하고 위로가 될 수 있는 시간을 원했다. 조직 내에서 영향력이 적었던 이들은 시간이 되는 구성원들끼리 개인적으로 삼삼오오 모여서 교류해야 했기에 회사에서 입사 시기별로(동기 개념) 모두 모일 수 있게 공식적인 장을 마련해 준 것은 큰 의미가 있었다.

처음 시작 당시 일부 리더들의 우려가 있었으나 해당 프로그램은 5점 만점에 평균 만족도가 4.8점 이상이 나올 만큼 기대 이상으로 만족도가 높았다. 각 계층의 구성원들이 서로 HR에 참여 기회를 달라는 요청이 너무 많아 곤란할 정도로 성공적이었다. 그리고 MZ세대 구성원들은 직접 대면이나 전화로도 별도 요청을 많이 할 만큼 적극적이었다. 명사나 유명 전문 강사의 도움이 전혀 없는 우리들의 이야기, 우리들만의 시간이었는데 대단히 성공적인 프로그램 중 하나였다. 특히 승진자 교육 등은 바쁘다는 등의 이유로 참석이 어렵다는 경우가 있었는데, 해당 프로그램은 해외 출장 중이어도 일정을 빨리 마무리해서라도 참여할 테니 HR이 소속 팀장에게 협조를 요청하거나 공문을 보내달라는 요청이 있을 만큼 참가자인 MZ세대 구성원들의 참여도가 높았다.

해당 프로그램이 성공적일 수 있었던 가장 중요한 이유는 MZ세대 구성원들과 직접 소통하며, 실질적으로 그들이 원하고 필요로 하는 것이 무엇인지 고민하고 그들의 입장에서 접근한 것이라고 생각한다. 어렵지 않고, 어느 회사나 시도할 수 있고, 외부 강사비가 없어 다른 프로그램에 비해 비용이 많이 들지 않음에도 어떠한 관점에서 접근하고 고민하는지에 따라 결과와 영향이 달라질 수 있다는 대표적인 사례가 될 것이다. 이 사례를 자랑하려는 것이 아니다. 이 사례는 같이 고생한 2명의 멤버가 있었고, 회사에서도 지원해 주었기에 가능한 일이었다고 생각한다.

다만 MZ세대의 조직문화를 일방적인 조직 입장, 또는 소수 주요 리더들의 입장에서 바라보고 접근하는 것이 아니라 정말 우리 기업, 우리 조직이 MZ세대 구성원들이 다니고 싶고, 자부심을 가지고 높은 성과를 낼 수 있는 환경을 제공해 주는 것이 중요하다. 그것이 진정한 목적이라면, 그들의 이야기에 귀 기울이고, 소통하고, 그들의 입장에서 바라보고 접근해야 한다.

많은 기업들이 매출, 영업이익, 당기순이익, 고객 증가율, 신규 제품이나 서비스의 판매율 등을 주요 지표나 사안으로 보고 임원회의, 리더회의 등에서 상당한 시간을 투자하여 논의하며, 관련된 의사결정을 하고 있다. 하지만 '불편하다'는 이유로, 'MZ세대들의 문제'라는 인식으로, '원래 그들은 그렇다', 또는 '중요하게 인식이 되지 않는다'는 이유로 위의 지표들만큼 MZ세대의 조직문화, 퇴사율을 진지하게 고민하고 다루지 못하고 있다.

앞으로 5년, 10년 뒤 MZ세대 구성원들의 기업 내 영향력과 역할이 커지리라는 것은 부인할 수 없는 현실이다. 그리고 이들의 조직 몰입도와 성과들이 각 기업들의 지속 성장과 생존을 담보하게 될 것이다. 그렇다면 각 기업과 HR은 어떤 관점에서 생각하고 어떤 노력을 해야 할까? 답은 정해져 있어 보인다. 다만, 어떻게 실행할 것인가에 달려 있을 것이다.

# CHAPTER
## 2

MZ세대를
경험한 17人

성공적인
조직문화를 위한
솔루션 Tips!

# 떠나는
# MZ세대의 채용과
# 조직 대응

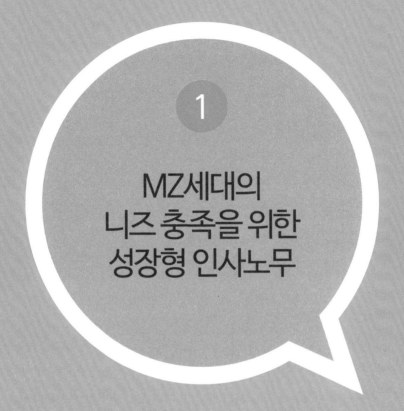

1

# MZ세대의
# 니즈 충족을 위한
# 성장형 인사노무

**김소리**
노무법인 조율 대표

학부 및 대학원과 노무사로서 현재 노동 관련 업무로 20년 이상 경력을 바탕으로 노사간 중재 업무를 넘어서 현재 조직 갈등 분야전문가로 활동 중이다. 특히 소규모 사업장에서부터 대기업의 법률 분쟁 처리 및 자문 경험을 바탕으로 기업 내 성장 기반의 협력적 기업노사관계 구축을 위해 활동하고 있다.

# 1

## MZ세대의 니즈 충족을 위한
## 성장형 인사노무

### 1) 세상이 변한 시간만큼 빠르게 변화하는 MZ세대

몇 년 전부터 유행어가 된 "라떼는 말이지"가 어느덧 광고에도 등장할 만큼 우리 세대의 갈등을 대변하는 문구로 자리 잡았다. 그러나 시간이 흐르면서 '라떼'를 외치는 계층이 단순히 기성세대뿐만 아니라 MZ세대 내부에서도 '젊은 꼰대'라 칭하면서 경험이 다르지만 존중받지 못하는 상황에 외치는 용어로까지 확대되었다.

4차 산업혁명을 맞이하고 있는 현시점에서는 기술의 발전 속도만큼 한 세대를 아우를 수 있는 범위가 좁아지고, 더욱 세분화되고 있다. 기업의 인사담당자들은 한 세대의 특성을 온전히 파악하기도 전에 새로운 세대가 조직구성원으로 흡수된다. 이전 세대와 전혀 다른 MZ세대의 특성을 실제 그들과 소통하면서 적극적으로 파악하기보다는 텍스트 위주로 파악하려는 소극적 경향까지 나타나고 있다.

그러나 현대 인적자원 분야에서는 외부의 거래처에 대한 관리뿐만 아니라 내부 구성원이 '내부 고객'이라는 인식이 강화되면서 기업의 지속 성장을 위해서는 역량 있는 내부 구성원의 보유가 필수적이라는 인식이 지배적이다. 더욱이 4차 산업혁명은 사람의 아이디어가 기업의 주된 사업까지 변경시킬 수 있는 핵심 요소이기 때문에 재능 있는 인재들의 다수 확보가 사업의 관건이 아닐 수 없다. 따라서 기업은 핵심 인재로서 무한 잠재력이 있는 MZ세대에게 기존 방식과 같이 수직적 업무 프로세스를 강요할 경우 MZ세대의 조직 이탈을 가속시키는 촉매가 될 뿐이다.

많은 기업에서는 다양한 방식으로 가장 참신한 내부 고객인 MZ세대를 붙잡아두기 위해 노력하였다. 특히 당장의 결과물로 나올 수 있는 임금이나 복리 후생적인 면에서 높여주는 방식을 많이 취하였다. 초기에는 경쟁 업체에 비해 높은 급여나 복리후생을 제공하는 정책을 채택한 기업들이 MZ세대를 대규모 확보하는 데 성공하는 듯 보였다. 그러나 여전히 경영 현장에서는 지급하는 보상만큼 바로바로 결과물이 나와야 한다는 생각에 사회 초년생인 MZ세대에게 빠른 업무 습득과 이를 위한 강도 높은 정신적·육체적 노동을 강요하였다. 그 결과 높은 수준의 임금은 MZ세대의 조직 이탈을 가속화하는 결과를 초래하였다. 즉, 단순히 업계 평균보다 높은 금전적 보상만으로는 MZ세대가 직업을 통해 달성하려는 니즈가 완벽하게 충족될 수 없다는 부분을 여실히 드러내는 현상이다.

## 2) MZ세대가 바라는 조직상

그러면 과연 MZ세대는 조직에서 원하는 바가 무엇일까?

MZ세대는 기성세대와는 달리 집단보다는 개인에 집중되어 있고 보다 진취적이고 창의적인 특징을 보이고 있다. 특히 결과중심주의가 우선시 되었던 이전 세대와는 달리 MZ세대는 절차의 참여와 기회의 공정이 무엇보다 중요하다. MZ세대가 이러한 요소들을 중요하게 여기는 인식은 그들이 받은 교육과 살아온 사회환경에서 비롯되었다. 즉, MZ세대는 토론문화에 익숙하고 다양성을 존중받음으로써 중요한 결정에 참여하고 의사를 표현하는 것이 당연한 모습이다.

물론 MZ세대가 조직의 모든 판단에 자신들의 의사가 반영되어야 한다고 주장하지는 않는다. 다만, 이들은 전반적으로 조직의 목표에 대한 이해와 함께 그 목표를 수행하기 위해 세부 분야에서 조직의 일원으로서 본인들이 참여하고 의견을 교환하면서 자신의 의견을 제시할 수 있는 기회를 부여 받길 원한다. 전반적으로 조직 내 공정성이 확보된다면 비록 본인의 의견이 조직 내 의사결정에 수용되지 않더라도 그 결과를 수용하는 경향이 있다.

## 3) MZ세대의 니즈 충족을 위한 수단으로서 '소통'의 모습

그러면 조직에서는 MZ세대의 다양한 의사를 수용하고, 그들을 절차에 참여시키며, 그들이 원하는 만큼 공정하다고 인지시키기 위해서 어떤 준비를 해야 하는가?

이에 대해 많은 전문가들은 공통적으로 MZ세대와의 '소통'이 무엇보다 중요하다고 이야기한다. 그리고 소통 방식에 대해서는 퍼실리테이션 교육을 적극 권한다. 퍼실리테이션은 교수법이나 교육 대상이 다양하기 때문에 소통을 고민하고 있는 기업에서는 교육을 통해 얻으려는 결과가 무엇인지를 반드시 생각해 보아야 한다.

소통 교육의 첫 시작은 개인 간 소통을 중심으로 이루어져야 한다. 물론 기업에서는 구성원 개인 간의 소통으로 단순히 원만한 관계를 형성하는 게 전부는 아닐 것이다. 조직에서 직원 간 소통을 통해 각 구성원들이 취하는 입장과 이들이 왜 이러한 입장을 취하게 되었는지에 대한 이해와 관심사를 취합하여 공통점과 차이점을 빠르게 분석함으로써 최종적으로 우리 기업에 최적의 결정을 도출한다. 즉, 소통 자체를 한다는 개념이 아니라 기업 내 구성원들이 서로 다른 소통 방식을 취하더라도 몇 가지 기준을 약속하여 그 기준에 따라 자신의 의견을 제시할 때 상대방이 이를 이해하고 수용할지 여부를 결정하는 과정에 참여하고자 하는 것이다. 이것이 MZ세대가 추구하는 소통 방식이다.

예를 들면 1개의 귤을 가지고 A와 B가 다투게 되었다. A와 B 모두 당장 귤이 필요한 상황이라서 한 치의 양보도 없이 본인들의 입장을 고수하고 있다. 이때 누군가 A와 B에게 각자 귤이 왜 필요한지 설명할 기회를 주었다. A는 시원한 주스를 만들어 먹기 위해 귤이 필요하다고 하고, B는 귤차를 만들어 먹기 위해 귤이 필요하다고 설명하였다.
이 사례를 자세히 들여다보면 A는 귤의 과육이 필요하고, B는 귤의 껍질이 필요하다는 결론을 얻을 수 있다. 즉, 이 둘은 귤 하나만으로 각자 귤이 필요하다는 입장은 대립된다 하더라도 더 깊은 내면을 살펴보면 1개의 귤로 각자가 원하는 쥬스와 귤차라는 결과물을 얻을 수 있다.

위의 사례가 의미하는 바를 거울삼아 MZ세대가 진정 조직에 바라는 부분을 유추해보자. 그들은 단순히 소통하는 것을 원하는 것이 아니라 그들의 입장과 이러한 입장을 취하게 된 내심, 의사를 파악함으로써 조직에서 자신들의 의견을 경청한다는 인식을 갖고자 하는 것이다. 구성원 내부의 소통은 반드시 조직의 내부적 또는 외부적으로 필요한 무언가를 파악하려는 의도가 있다. 즉, 기업에서 사적 영역과 명확한 차이를 보이는 이유는 '목적 중심'이기 때문이다.

이러한 목적 중심의 소통을 위해서는 무엇보다 '경청'이 필수다. 경청은 단순히 특정 직급에만 국한된 것이 아니라 조직구성원 모두가 소통의 전제로 반드시 습득해야 하는 요소이다. 경청을 단순히 듣는 것이라고 생각할 수 있다. 그러나 경청은 흘러가는 수많은 말들 모두를 듣는 게 아니라 소통의 목적을 분명히 하고, 귀에 정수기의 필터를 달아 놓은 것처럼 상대방이 지금 대화의 주제에서 취하는 입장과 이러한 입장을 취하게 된 근본적인 이유를 찾아내는 과정이다.

이러한 과정을 더욱 효과적으로 수행하기 위해서는 경청하는 과정에서 상대방의 의견에 대한 핵심을 정리하면서 다시 한번 상대방의 대화 내용을 확인함과 동시에 그러한 의견을 내는 원인에 대해 끊임없이 질문하는 과정을 거쳐야 한다. 즉, '왜'라는 물음이 사라질 때까지, 그리고 나의 머리로 정리하고 다시금 전달한 상대방의 의견이 맞는지 확인하는 절차가 모두 수행되었을 때 목적 중심의 소통이 완성된다.

최근 많은 기업과 정부 및 공공기관에서는 조직 갈등 관련 교육에서 앞서 언급한 개인 간 소통을 넘어 조직 내부에서 구성원 간의 결과를 도통하기 위해 목적론적 소통을 위주로 한 교육에 눈을 돌리고 있다. 실제로 이러한 소통 방식은 단순히 조직의 의사결정뿐만 아니라 조직 갈등으로 인하여 발생한 각종 고충사건에서도 조사하는 담당자들이 입장 정리, 이해관심사 파악을 위한 경청과 질문 훈련을 통해 전문적으로 접근하고 있다. 또한 이러한 소통 방식을 채택하기 위한 교육 및 실무 적용 관련 만족도 조사에서도 구성원의 의사가 조직에 보다 정확히 전달되었다는 부분에서 높은 만족도를 보여주고 있다.

결론적으로 현재 우리 조직에서는 기성세대든 MZ세대든 모두 조직 내에서 조직과 함께 성장하면서 개인적인 만족을 얻기를 원하고 있다. 이러한 만족의 첫 시작은 구성원 간의 소통에 있다. 이러한 소통을 몇 가지 기준을 통해 이루어지도록 한다면 그리 어렵지 않은 방법으로 조직구성원이 얻을 수 있는 최대한의 만족을 이끌어낼 수 있을 것이다. 이를 통해 궁극적으로 핵심 인재를 보유하도록 하여 조직이 지속 성장하는 초석을 다질 수 있다.

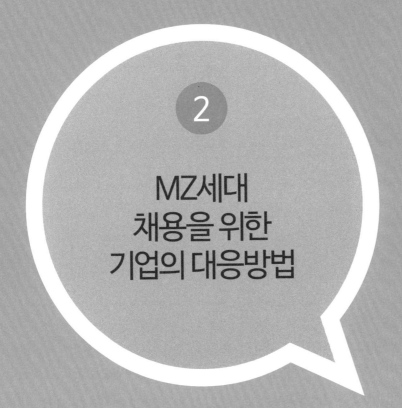

# 2

## MZ세대
## 채용을 위한
## 기업의 대응방법

**김금용**
**메탈스틸 대표**

현대비앤지스틸 경영지원실장을 거쳐 주식회사 메탈스틸 대표이사를 맡고 있다. 30년간 노사문제를 포함한 기업법무와 특수직의 채용과 인사관리 업무를 수행했다. 한국생산성본부에서 몇 년간 강의했으며 고려대 법무대학원에서 법학석사를 받았다.

# 2

## MZ세대 채용을 위한
## 기업의 대응방법

### 1) MZ세대의 정의

기성세대와는 너무도 다른 MZ세대의 등장은 독특한 존재의 등장이 아닌 세상의 변화에 따라 나타난 새로운 세대이다. 세대를 구분하는 기준은 개념을 어떻게 정의하는지에 따라 다르고, 출생 연도의 범위도 조금씩 다르게 정의하고 있다. 통계청의 최근 자료를 인용하면, 출생 연도를 기준으로 M세대를 1980년부터 1994년까지, Z세대는 1995년부터 2005년까지로 구분한다. 이를 인용하여 MZ세대는 1980년부터 2005년까지 출생한 인구로 구분하고자 한다.

M세대는 밀레니엄세대라는 의미이지만 Mobile, Myself, Movement의 첫 글자를 따와서 모바일로 활동하고 해결하며 자신에게 관심을 두는 자유로운 신세대로 풀이한다. 이들은 TV나 라디오보다 컴퓨터와 같은 디지털 매체를 더 익숙하게 다루고 활용한다.

Z세대는 1995년 이후에 태어나 20세기 마지막 세대라는 의미로서 Z세대라 한다. 엄지족이라는 별칭을 받으며 능숙한 스마트폰 활용과 활발한 SNS활동으로 자기의사 표현이 강하며 디지털 환경의 변화를 주도하고 있다.

MZ세대는 M세대와 Z세대를 묶은 말이지만 다른 말로 2030이라고 표현하기도 한다. 2022년 기준으로 나이를 살펴보면 17세에서 42세까지이다. 평균연령은 M세대가 35세이고 Z세대는 22세이다. 하나로 묶어 놓긴 했지만 해당 범위 안에서도 평균연령에서 13세의 차이가 있고, 출생 연도에 따라 최대 25년이나 차이가 있으므로 또 다른 세대 차이가 있기에 M세대와 Z세대를 분리하여 특성을 비교하기도 한다. 2019년 통계자료에 의하면 MZ세대는 전체 인구 중 33.7%로 1,800만 명 규모이다.

## 2) MZ세대의 특성

### (1) 디지털 원주민(Digital Native)

MZ세대는 특징을 규정할 수 없는 다양성을 가지고 있으나 가장 큰 특징을 꼽자면, 디지털 기술 발전과 함께 성장하여 디지털 기기를 일상생활에서 능숙하게 다루는 디지털 원주민이라는 점이다. SNS 플랫폼과 신기술에 대한 적응이 빠르고 활용에 능숙하여 새로운 트렌드를 빨리 받아들이고, 남과 다른 이색적인 경험을 추구하며, SNS를 기반으로 유통 시장에서 강력한 영향력을 발휘하는 소비 주체의 역할을 하고 있다.

### (2) 워라밸(일과 삶의 균형 추구)

'워라밸'은 일과 삶의 균형을 뜻하는 Work-life balance 영문 단어의 앞 글자

소리를 따서 부르는 말이다. 기성세대에서는 맹목적으로 돈을 많이 주는 곳을 선호했으나, 지금 세대는 일과 가정의 균형을 감안하여 연봉을 많이 준다 해도 높은 업무 강도, 늦은 퇴근 등으로 인해 개인적인 삶과 균형을 맞출 수 없다면 선택하지 않는다. 통계청의 〈일과 가정에 대한 우선순위 조사〉를 보면 MZ세대들은 일과 가정 중 어느 하나를 더 중시하기보다는 일과 가정의 균형을 더 선호하는 것으로 나타났다.

## (3) 수평적 사고와 실용성

학연이나 혈연, 지연 등에 대한 관계를 거부하고 자신의 인맥을 넓혀가는 특징이 있다. SNS 및 온라인에서 만나는 관계로 자신의 취향이나 취미, 라이프스타일 등이 공통된 이들을 만나며 인간관계를 넓혀가기도 한다. 기존 세대들이 단체와 조직에 대한 목적과 그 소속감을 중시했다면, 나 자신을 단체보다 더 중요시하며 의사결정에 대한 기준이 단체가 아닌 나 자신의 이익에 따라 선택한다는 것이다.

MZ세대는 실용성을 중시한다. 비싼 물건을 소유하기보다는 공유, 혹은 중고로 구매하는 경우가 많이 있다. 우버와 에어비앤비와 같은 공유경제와 당근마켓, 번개장터, 케이카와 같은 업체가 단기간에 빠른 성장을 한 것은 MZ세대의 강한 실용성에서 기인한 것이다.

## (4) 공정한 가치 존중

MZ세대는 우리나라가 권위주의 시대에서 민주화 시대로 전환된 80년에, 광주 민주화운동을 시작으로 봇물처럼 터진 민주화의 열기를 통해 자유로운 민주주의 체제가 자리를 잡아가는 시점에 태어나서, 통행금지 해제, 복장과 두발의 자유화, 학교 체벌의 금지, 군대 내 체벌 추방, 촌지 문화, 새치기 등 불합리하고 부당한 관행들을 바로 잡은 세대로서 과정과 결과에서의 투명한 절차와 공정성을 소중한 가치로 인식하고 있다. 부당하고 불합리한 사실에 대해서는 곧바로 영상을 올려 공유하는 모습은 자연스러운 일상이다.

## (5) 경제관념(YOLO, Flex, Fire족)

- YOLO(You Only Live Once)는 '인생은 한 번뿐이야'라는 의미이다. 불안한 미래를 걱정하기보다 지금 당장의 행복에 집중하자는 철학이다. 오늘의 즐거움보다 미래를 위해 투자했던 기성세대와는 다른 삶의 방식이다. 단순하고 간결한 생활을 통해 의미 있는 일에 집중하는 생활방식인 미니멀 라이프, 소비에 신념을 담는 미닝아웃, 하우스푸어, 카푸어, 명품소비, 여행, 취미 활동 중시의 형태로 나타난다.

- Flex는 영어로 몸을 풀다는 의미이지만, 자신을 과시하고 자랑한다는 의미로 사용되고 있다. 자신의 경제력과 관계없이 남들보다 먼저 명품을 구매하여 SNS를 통해 과시하는 풍조로 인해 20대의 명품 수요가 급증하고 있으며, 인증샷의 붐으로 호텔 수요가 급증하고, 고가의 호텔 케이크가 품절되는 등 자신만을 위한 프리미엄 소비 행태를 보여 주고 있다.

- Fire족은 불안정한 경제 혹은 미래를 걱정하고 일찍이 재테크에 뛰어드는 경우로 젊을 때 많이 벌어 노후를 미리 준비하기 위해 '재테크에 일찍 눈을 떴다'는 유형이다. 영끌한 부동산 투자, 코인과 주식, 로또 등 직접투자를 선호한다.

MZ세대의 경제관념은 YOLO와 같이 현실을 즐기는 입장이 있는가 하면, Fire족처럼 재테크에 일찍 눈을 떠서 적극적인 투자에 나서는 형태가 공존하고 있음을 알 수 있다.

## 3) MZ세대의 기업관

| 〈표1〉 입사하고 싶은 기업 | 〈표2〉 입사하기 싫은 기업 |
|---|---|
| 1. 자유롭고 수평적 소통문화 기업 23.5%<br>2. 야근 등 초과근무 없는 기업 17.8%<br>3. 동종업계 대비 연봉 높은 기업 16.7%<br>4. 연차 등 자유로운 휴가 사용 11.3%<br>5. 성장가능성 높은 기업 8.8%<br>6. 탄력 근무 가능 기업 7.4%<br>7. 정년 보장 기업 7% | 1. 야근 등 초과근무 많은 기업 31.5%<br>2. 업무량 대비 연봉이 낮은 기업 23.5%<br>3. 군대식 문화 등 소통 부재 기업 13.1%<br>4. 연차 등 휴가 사용 제한 기업 9.9%<br>5. 낙하산 인사가 많은 기업 5.3%<br>6. 성장기회가 적은 기업 4.7% |

〈표3〉 회사에 바라는 사항

1. 워라밸 중시와 이에 대한 보장 62.1%
2. 조직보다 개인의 이익을 우선시 59%
3. 개인의 개성을 존중 받기 원함 36.4%
4. 자유롭고 수평적인 문화 24.4%
5. 공평한 기회 중시 21.1%
6. 명확한 업무 지시와 피드백 19.6%
7. 개인 성장을 위한 지원 12.1%

〈표4〉 회사내 이슈별 가치관

| 주요제시어 | 기존세대 | MZ세대 |
|---|---|---|
| 회사 발전은 | 나의 발전이다 | 나와는 별개다 |
| 상사 지시는 | 시키는 대로 | 이유는 알고 |
| 부서 회식은 | 업무의 연장 | 점심때, 비싼걸로 |
| 임원 승진은 | 가능한 목표 | 얼마나 다닐까 |
| 일과 개인 | 선공후사 | 선사후공 |

자료 : 〈표1~3〉 'MZ세대, 가장 입사하기 싫은 기업은?' (사람인, 2020.3.30; 기업 451개, 2030세대 2,708명, 복수응답), 〈표4〉 『밀레니얼과 함께 일하는 법』, 이은형 국민대 경영대학장 (앳워크, 2019)

위의 표 4개는 MZ세대의 기업관과 가치관을 잘 보여준다. 〈표2〉 입사하기 싫은 기업 유형'은 이전 세대의 생각과 별반 차이가 없으나, 〈표3〉 회사에 바라는 사항'은 기업이 수용하기에 어려움이 많은 항목도 있다.

또한, 직업에 대한 인식은 '회사보다는 개인적인 삶의 여유가 더 중요하다'고 보고 있다. 회사에서 승진을 통해 높은 연봉을 받고 성취감을 느끼는 것보다 내적인 여유를 가지는 것이 중요하다고 인식한다.

입사 후 〈표4〉 회사 내부에서 겪게 되는 이슈에 대한 가치관에서는 기존 세대와 명확한 차이를 보인다. 회사는 월급을 주고, 작업복을 제공하고, 공장에서 밥을 함께 먹으며, 열심히 일해서 회사가 발전하면 나의 발전도 따라온다고 생각했던 이전의 특정 세대와는 전혀 다른 가치관을 보여준다.

MZ세대는 회사 발전은 나와 별개이고, 선공후사先公後私 보다는 선사후공先私後公을 앞세운다. 나 자신의 워라밸을 위해 직장도 필요한 것이며, 직장은 나를 위해 많은 것을 보장해 주어야 하며, 이에 대한 불만족은 첫 직장 퇴사율이 65.6%라는 결과로 나타난다. 동세대의 취업준비생 62%가 첫 직장에서 정년을 바라지 않는다는 설문조사 결과로도 확인할 수 있다.

## 4) MZ세대와 중소기업

디지털 기술의 발달과 함께 성장한 MZ세대는 우리나라 인구의 가장 큰 비중을 차지하는 실질적인 경제 주체가 되어있으며 이전 세대와는 다른 독특한 삶의 방식과 소비 행태로 경제에 미치는 영향이 빠른 속도로 확대하고 있다.

기업 입장에서는 이들에 대한 올바른 이해와 효과적인 대응 전략 수립은 기업 생존의 필수 조건임을 인지하여야 한다. 특히 중소기업에서는 이에 대한 노력이 더욱 필요한 시점이다.

취업대란이라고 하지만, 청년들의 일자리 편중 현상으로 대기업과 비교적 안정적인 정년이 보장되는 공기업 선호도가 강하기 때문에 뿌리 업체와 같은 중소기업의 인력난은 매우 심각한 실정이다. 외국인 근로자들은 일당이 높은 농촌을 선호하기 때문에, 불법체류자도 구하기 힘든 상황이다.

생산직 평균연령은 갈수록 고령화되어가고 있어 젊은 세대의 수혈은 시급한 문제이다. 그럼에도 불구하고 현재 중소기업의 미충원 인원은 16만 명이 넘는다. 일손 부족으로 사업을 접어야 하는 경우도 비일비재하다.
그렇다고 중소기업을 기피하는 MZ세대를 비판만 할 수도 없다. 중소기업의 상대적인 핸디캡이라 할 수 있는 저임금과 장래성, 경직된 조직문화에 변화가 있지 않으면 워라밸과 자기 중시가 강한 MZ세대를 포용하기는 어렵다.

그렇지만 중소기업 중에 좋은 기업도 많다. 똑같은 상황이지만 인력난을 겪지 않는 그들의 비결을 보고 배워야 한다.
시대는 변하고 있는데 기업문화는 그대로라면 글로벌화된 MZ세대의 눈높이를 맞출 수 없다. 그들을 수용하기 위해서는 그들의 특성을 제대로 이해하고 그들의 눈높이에 맞는 근무 여건을 만드는 것이 가장 기본적인 사항이다.

## 5) MZ세대 채용을 위한 기업의 대응 방안

MZ세대가 찾아오는 기업이 되기 위해서는 MZ세대가 취업하기를 바라는 회사가 되도록 근무환경 개선에 적극적인 노력을 기울여야 한다.
수직적 시스템, 소통 부재, 초과근무, 정실인사 등으로 인해 새로운 세대들이 적응하지 못하고 있지는 않은지 스스로 점검하고 개선해야겠다는 경영자의 의지가 우선적으로 필요하다.

앞에서 본 바와 같이 MZ세대의 특성을 관통하는 키워드는 '워라밸: 일과 삶의 균형'이다. 이들을 위해서 회사는 직원들의 사생활을 존중하고 보다 수평적인 조직문화를 구축하여 소통이 원활한 회사가 되어야 한다. 회사의 가치를 공유하여 함께 성장할 수 있는 회사로 바꾸어 나가야 한다.

무엇을 어떻게 시작할까?

우선, 고용노동부에서 권장하고 있는 일과 삶의 균형을 위한 〈근무 혁신 10대 제안 실천 방안〉을 적용해보자. 정시퇴근, 퇴근 후 업무 연락 자제 등을 통해 장시간 근무 관행을 바꾸고, 일하는 방식과 문화를 바꾸기 위한 실천 요령으로 적극 활용해보자.

이와 더불어 아래 예시와 같은 '변화를 위한 세부 실천 방안'을 수립해서 조금씩 변화해 나간다면 더 많은 MZ세대가 근무하고 싶어 하는 기업이 될 것이다.

## ▶ 변화를 위한 세부 실천방안

(1) 근무방식의 변화 (고용노동부, 근무혁신 10대 제안)

▷ 정시 퇴근 　　　▷ 퇴근 후 업무연락 자제

▷ 업무집중도 향상 　▷ 생산성 위주의 회의

▷ 명확한 업무지시 　▷ 유연한 근무

▷ 효율적 보고 　　▷ 건전한 회식문화

▷ 연차사용 활성화 　▷ 관리자부터 실천

(2) 임금수준과 복리후생의 변화

▷ 최저임금 이상의 임금체계 기반

▷ 연도별 일정 금액 인상으로 인근 기업과 비교 관리

▷ 학자금, 의료비, 휴양 시설, 상여금 등 직접 느낄 수 있는 복지의 개발


(3) 장기 비전 수립과 공유

▷ 장기 또는 중기 비전을 수립: 구성원 전원 참여

▷ 회사의 변화에 따른 개인의 역할 증대 확인

▷ 개인의 성장과 회사 발전을 위한 교육훈련 프로그램 마련


(4) 수평적 소통문화 도입

▷ 홈페이지, SNS, 블로그를 통한 소통 전개

▷ 업무용 단톡방 운영을 통한 신속한 의사결정과 업무추진: 업무시간 중 운영


(5) 전근대적인 문화 청산

▷ 군대식의 수직적 서열 문화를 수평적 조직으로 변화: 호칭과 직급의 변화

▷ 친인척, 사장 친구 등 낙하산 인사 또는 정실인사 금지

▷ 인격모독, 불법행위, 갑질 문화, 패거리 문화, 왕따, 기득권, 텃세 등의 악습 추출

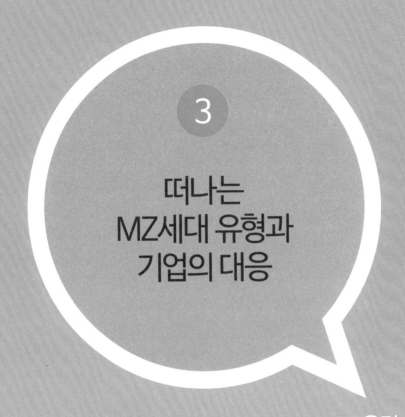

# 3

## 떠나는
## MZ세대 유형과
## 기업의 대응

### 조용민
#### 코니카미놀타 이사

現)일본계 기업 코니카미놀타 프로프린트 솔루션스코리아 영업서비스
본부(장)에 근무 중. 前)한국후지제록스 전략마케팅실(장), 인재개발
팀(장), 영업부(장) 역임. 한국HR협회 멘토링위원회 사무총장 역임.

# 3

# 떠나는 MZ세대 유형과
# 기업의 대응

"사람은 필요한데 정작 일할 사람은 없다."

"사람은 많은데 정작 쓸 만한 사람은 없다."

"내 눈에는 조직에서 놀고먹는 사람들이 많아 보인다."

어느 부서장이 투덜거리며 하는 말이 귓가에 스친다. 워-라벨 이런 것들은 다른 세계의 사람들이 말하는 외계어인 양 늘 일에 중독되어 살다시피 하는 팀장, 부서장들의 하소연이다. 인사가 만사라고 했던가? 어떤 프로젝트를 새롭게 시작하려고 보면 늘 사람이라는 벽에 부딪히는 것 같다. 왜 내 주변에는 뛰어난 역량을 가진 인재가 없는 것일까? 아니면 내 눈에만 보이지 않는 것일까? 마음은 답답한 채로, 썩 내키지 않는 마음을 가지고 내 입맛에 맞는 동료는 찾아볼 수 없고 늘 그렇듯이 프로젝트에 또다시 투입된다.

무슨 일을 하더라도 초보라는 과정이 있듯이 누구에게나 신입이라는 과정이 있다. 학교를 졸업하기 전까지는 그 조직에서 가장 큰 형으로서 어깨에 힘 빡 주다가 회사라는 새로운 환경 속에 투입된다. 그리고 신입이라는 이름으로 사회생활을 시작한다. 주변에서의 기대와 격려를 한 몸에 받으며 참신한 이미지로 조직에 새로운 바람을 불어넣어 주는 존재로서 사회에 첫발을 내디딘다.

얼마의 시간이 흘렀을까? 신선함과 푸릇푸릇한 모습으로 열정적이고 도전적인 신입이라는 말을 듣던 사람들이 쓸 만한 사람이 아닌 그저 그런 사람들로 평가되어지고, 조직은 또 다른 역량을 찾아 오늘도 신규사원 모집공고를 낸다. 이게 우리의 현실이다.

도대체 무엇이 어디서부터 잘못된 것이길래 늘 사람에 관한 딜레마에 빠지는 건지 도통 알 수가 없다. 함께 일하던 동료들은 한 명 두 명씩 새로운 희망을 찾아 오늘도 이직에 목숨 걸고 가슴 한 켠에 곱게 써 내려간 이력서를 고이 간직한 채 천사의 얼굴을 하며 열심히 일하고 있다.

● 중소기업의 채용 과정에서 발생하는 MZ세대 유형

중소기업이나 외국계 기업은 대기업들의 대규모 공개채용과는 달리 인원이 필요할 때 모집공고를 내는 수시채용이나 홈페이지 등을 통해 상시 채용을 하는 경우가 많다. 예전부터 중소기업은 필요할 때 필요한 인력을 제때 구하는데 어려움을 많이 겪고 있었지만 지금은 그 어려운 정도가 이전에 비해 훨씬 커진 것 같다. 애써 키운 인력들은 쓸 만하면 새로운 곳으로 이직을 하고 이로 인해 중소기업의 인력 관리에 애로사항이 발생하고 있는 것이 현장의 현실이다. 중소기업이 MZ세대를 채용하는 과정에서 발생하는 유형 몇 가지를 살펴보고 자 한다.

## 유형 1) 자기소개서와 입사지원서를 내고 사라지는 유령형

필요한 인원을 충원하기 위해 구직사이트나 헤드헌팅 업체를 통해 몇몇 지원자 들을 추천받아 그들의 서류를 꼼꼼히 살펴보고 필요한 인원들을 고르고 연락 을 취하고 기다린다. 면접을 보는 날짜를 잡아야 할 것 같아 재차 연락해 본다. 그러나 아무런 답을 받지 못한다. 이건 뭐지? 그냥 간만 보기 위해서 서류를 제 출한 것인가? 우리 회사를 무시하는 건가? 괜스레 기분이 나빠진다. 이런 사람 들의 서류를 검토했던 것조차 아까운 시간만 낭비한 생각이 들기 때문이다. 지원자로서 연락을 받는 것이 지원했던 회사에 대한 최소한의 예의를 지키는 것 이 아닐까? 세상은 돌고 도는 법인데 언제 어디서 어떤 관계로 만날지 모르는데 예의라는 기본을 지켰으면 좋겠다. 상대를 생각하는 작은 배려가 그 사람에 대 한 첫인상을 결정짓는다.

## 유형 2) 면접 당일 잠수 타는 감감무소식형

귀한 몸이 된 신규 지원자들에 대한 면접 날을 잡기 위해 회사의 다른 일정 등을 조정하였다. 드디어 면접 당일 다른 일들을 처리하고 면접 시간에 맞춰 회의실 로 들어섰다. 아직 시간이 덜 되었는지 면접자는 보이지 않고 인사부장과 담당 부장만 자리를 지키고 있었다. 얼마를 기다리고 시간이 지났을까 아직도 나타 나지 않는 신규 입사 지원자. 뭔가 불길한 예감이 든다. 역시 신규 지원자는 아 무런 연락 없이 나타나지 않았다. 며칠 후 알게 된 사실은 다른 곳에 합격해서 이미 근무하고 있다는 것이다. 선택은 개인의 몫이고 그 선택은 존중받아야 한다고 생각한다. 다만, 다른 사람들의 입장을 배려하는 마음이 부족하다는 생각이 드는 건 왜일까? 사회생활의 기본은 약속이다. 사전에 전화 한 통이든 이메일을 통해 자기 상황을 알렸으면 얼마나 좋은 인상으로 남았을까? 자기의 시간이 소중하면 남의 시간도 소중한 것인데 개인만 생각하는 건 개인주의를 넘어서 이기적이라는 걸 알았으면 좋겠다.

## 유형 3) 조건을 맞춰 줘도 도망가는 혼비백산형

중소기업의 특성상 신입사원이 감당하기 어려운 일이거나 직원을 육성하는 기간이 상당히 필요한 경우에는 3년~5년 정도의 경험자나 때로는 10년 전후 정도의 경험자를 뽑아야 하기도 한다. 신규 지원자의 경험과 역량 그리고 인성이 조직과 어느 정도 잘 맞는지에 따라서 면접의 성패는 갈라진다. 그리고 그에 걸맞은 대우를 해주기 위한 연봉 협상을 진행한다. 때로는 조금 무리한 요구라고 생각되는 부분조차도 회사는 수용해서 연봉 협상을 마무리하고 출근 날짜를 잡는다.

출근 날짜에 맞춰 일할 수 있는 사무실 환경을 점검해 본다. 책상과 의자, 컴퓨터 그리고 주변 동료들에게도 신규 입사자가 편안하게 느낄 수 있도록 분위기를 잘 만들어 달라는 당부의 말도 해 놓는다. 그런데 어찌 된 일인지 출근은 안하고 회사로 전화를 건다. "아무리 생각해도 자기에게 이렇게 좋은 조건으로 계약해주는 것이 부담된다", "자신이 없다", "성과가 안 나오면 자기를 금방 해고할 것 아니냐"는 황당한 이야기를 늘어놓는다. 그리고 전화를 끊었다.

도대체 어느 장단에 춤을 춰야 하는 것인지 모르겠다. 1년 미만의 퇴사율이 높아지는 사회적 현상과 맞물려 이를 회피하고자 면접 시 회사업무에 대한 충분한 설명과 역할, 그리고 신규 지원자의 역량을 파악했건만 무엇이 잘못된 것일까? 곰곰이 다시 생각해 본다.

어떠한 일이든 준비를 철저히 하지 않고 지원하면 곧 본인의 실력을 들킬 수 있다. 대우를 잘 받는 것도 중요했겠지만 본인의 역량(지식과 기술)이 그만큼 준비가 덜 돼서 입사 후 면접 시 할 수 있다고 했던 것들이 다 거짓이라고 탄로 날까 봐 두려웠던 건 아닐까? 도망가듯 입사를 포기한 건 어쩌면 비겁한 일이지만 조직 입장에서는 정말 다행스러운 일일 수도 있다. 열정도 중요하지만, 역량을 더 갈고 닦았으면 좋겠다.

## 유형 4) 큰소리 뻥뻥 허풍형

경력자가 필요해서 주변 지인을 통해 추천을 받아 입사 서류를 검토하고 서로의 일정을 조정해서 면접을 진행하였다. 첫인상은 무척이나 여유롭고 단정한 느낌이었다. 면접 내내 자신감 넘치는 태도로 어떤 질문에도 막힘없이 답변하며 시종일관 웃음을 잃지 않고 자신이 가지고 있는 지식과 경험을 잘 녹여내며 대답을 이어갔다.

현재 재직 중인 회사에서도 인정받으며 생활하고 있고 배울 게 아직도 많은 조직이라고 한다. 기존 회사에서는 팔방미인처럼 이것저것 시키는 일 가리지 않고 모든 걸 자기가 거의 다 알아서 한다고 한다. 그래서 자기를 뽑으면 후회하지 않을 것이라고 한다.

그런데 여기서 드는 생각! '그럼 왜 여기서 면접을 보고 있는 거지? 여기서는 말하지 못하는 무엇이 있는 건 아닐까? 이직해도 연봉의 차이도 직급의 차이도 크지 않는데 왜 군이 이직하려고 하지? 기존 조직에서 인정받고 아직도 배울 것이 많다면 기존 조직을 떠나지 않는 것이 맞지 않을까?' 하는 생각이 들었다. 아까운 인재였지만, 그 사람의 장래를 위해서 채용을 하지 않았다. 기존 회사에서 더 배우고 성장하라는 의미로 말이다.

구직이나 이직을 하려는 사람은 지원하는 회사에서 어떤 비전을 가지고 어떤 인재를 바라고 있는지 알 필요가 있다. 허세보다는 진실하고 간절한 마음으로 지원하는 회사에 입사를 바라는 마음가짐이 더 중요한 듯하다.

● MZ세대 그게 도대체 뭐야?

MZ세대를 한마디로 특정 짓기에는 어려움이 많은 듯하다. 그 세대만의 특성인지 아니면 어떤 개인의 특성인지 구분하기 어려울 때가 많기 때문이다. 그만큼 다양성을 가진 세대라고는 할 수 있을 것 같다. 모든 세대가 그러하듯이 그 세대가 지나고 나서야 성향을 좀 더 정확히 구분할 수 있지 않을까 생각을 해본다.

언제부터인지는 정확히 모르겠으나 우리는 기성세대와 신세대라는 구분보다는 베이비붐세대, X세대, Y세대, Z세대, MZ세대라는 구분으로 사회적 현상을 바라보는 것이 보편화 되는 것 같다. 그래서 각각의 세대는 어떤 특징을 지니고 있는지 간단하게 정의해 보고자 한다.

베이비붐세대: 일 중독 세대 _workaholic generation_

참고 인내하고 기다리던 세대

부모님과 가족들 모두를 책임지는 세대

사회 경제의 기반을 닦은 세대

통기타와 청바지 그리고 생맥주 세대

X세대: 자율화와 개방화

　　　　민주화와 대중문화를 즐기는 세대

　　　　work and culture and freedom

　　　　호출기(일명 삐삐)와 워크맨

　　　　내 노후는 내가, 부모님 노후도 내가 책임지려는 세대

Y세대: 일과 삶의 균형을 바라는 세대, 워라밸 Work and Life Balance

　　　　개인주의, 남한테 피해 안 주고 나만 잘 살자

　　　　내 노후는 내가, 부모님 노후는 부모님이 스스로 책임지기를 바라는 세대

　　　　아날로그에서 디지털까지 끼인 세대(MP3와 핸드폰)

Z세대: Smart Phone과 YouTube의 세대

　　　　영상과 인터넷으로부터 학습하고 교류하는 세대

　　　　계약직이 보편화된 세대

　　　　책보다는 인터넷이 친숙한 세대(Facebook, Twitter, Apple)

　　　　욜로족 YOLO: You Only Live Once

MZ세대: Complete Digital 세대

　　　　인공지능과 자동화 그리고 스마트 환경 세대

　　　　Online에서 관계를 만드는 걸 더 선호하는 세대(Instagram)

　　　　디지털 환경에서 소통하며 살아가는 세대(화상채팅과 Zoom)

　　　　일보다는 삶 자체의 가치를 더 소중히 여기는 세대

　　　　파이어족 FIRE: Financial Independence Retire Early 2)

---

2) 파이어(FIRE)족이란 경제적자립(Financial Independence)과 조기 은퇴를 뜻하는 (Retire Early) 약자가 합쳐져 만들어진 신조어로 경제적 자립을 확보하여 조기에 은퇴하려고 하는 사람들이다. 욜로(YOLO)족과는 달리 현재의 행복보다는 미래 삶의 질과 행복을 추구하는 성향이 강하다. YOLO족과 FIRE족 모두 인생의 목표를 삶의 행복에 두고 최선을 다해 생활한다는 것이 공통점이다.

## ● 이해하는 척 해야 하나? 공감하는 척 해야 하나?

"오늘 저녁 맥주 한잔 어때?"라는 소리에 "갑자기요?"라는 반응을 보인다면 틀림없는 MZ세대일 확률이 높다. 사전에 계획되지 않은 회식이나 모임에는 그닥 꼭 참석을 해야 한다는 의무감을 갖지 않기 때문이다. 이는 소속감과는 다른 것으로 이해하는 그들의 생각 때문이다. 물론 특별한 경우 예외적인 사항이 있을 수 있지만, 대체적으로는 그렇다는 이야기다.

기존 세대들과는 달리 확실하게 자기의 생각과 의사를 솔직하게 표현하며 'We' 보다는 'I'에 더 집중하는 세대, 바로 그들이 MZ세대이다. 이들은 자기 계발에 있어서는 시간과 비용을 들이는데 아낌없이 투자한다. 더치페이(Dutch Pay) 문화가 더 익숙한 세대이다. 남에게 민폐를 끼치는 일이나 상식과 공정을 벗어나는 걸 잘 견디지 못한다. 차별받거나 불의한 일에는 모두가 동참하는 모습을 보이기도 한다. 또한 적극적인 사회 현실에 참여하고자 노력한다. 가치 있는 소비를 위해 불매 운동을 벌이기도 하고 ESG경영을 실천하는 기업의 물건을 구매하기도 하고 어려운 소상공인들에게 '돈쭐내기'라는 명목으로 응원을 보내기도 한다. 자신의 경험을 공유하고 정보를 공유하고 차를 공유하고 불필요한 물건 등을 중고마켓을 통해 거래하고 소비 주체로서 공유 경제를 이끌어 가는 새로운 경제 주인공들이다. 조직에 순응해서 일을 배우기보다는 내가 좋아하는 일을 잘 할 수 있는 직장을 선호한다. 우리는 더 이상 이들을 이해하려고 하거나 이해하는 척하거나 공감하거나 공감하는 척할 필요가 없다. 이미 사회는 빠르게 변하고 있기 때문에 그냥 현상을 받아들이고 적응해야 하는 시대가 된 것이다. 이것을 주도하는 세대가 바로 떠오르는 MZ세대이다.

## ● MZ세대 무엇이 그들을 특별하게 만드나?

경제 활동을 한다는 것은 나와 내 가족이 안락하고 편안한 생활을 누리고 보다 멋진 노후를 준비하기 위해서라는 생각을 하고 있다면 MZ세대를 이해하는데 있어서 애로사항을 겪을 수 있을 것 같다.

### 1. 일터를 바라보는 시각

MZ세대들은 직장을 즐거운 놀이터로 바라보며 일 자체를 역할 분담 놀이로 인식하고 행동하는 것처럼 보인다. 기존 교육 방식이 주입식 교육과 암기 위주였던 반면, 실험을 통해 결과를 도출하고 토론과 자유 발표가 익숙한 이들에게는 당연한 일인지 모른다. 자신만의 개성으로 일을 풀어가고, 일하는 과정에 재미를 추구하며, 자유롭게 생각하고, 조직에 새로운 관점을 전달하는 그들에게 특별함이 있는 까닭이다.

### 2. 성과와 보상을 대하는 자세

기회와 공정 그리고 보상에 민감하게 반응하는 세대이다. 팀으로서 성과를 만드는 것도 중요하지만 나의 성과를 먼저 인정받고 싶어 하며 노력을 게을리하지 않는다. 회사는 주어진 목표를 채우기 위해 각기 다른 기능들이 모여 한 방향으로 움직인다. 위로부터 아래로 거침없이 수직적 의사 전달과 행동 지침이 전달된다. 그 과정에서 협업과 분업이 이루어진다. 그리고 성과라는 열매를 맺게 된다. 이러한 프로세스 속에서 각기 기여도가 반영된다. 아무리 좋은 성적표를 조직이나 팀이 받았더라도 더 중요한 건 내가 어떤 평가를 받는가이다. 이들이 MZ세대이다. 'We'보다는 'I'의 성과가 더 중요하다. 팀이나 조직의 성과를 위해 나를 희생해야 한다는 건 이들에게 어울리지 않는 상식일 뿐이다.

## 3. 근무 환경에 대한 생각

MZ세대들은 자기 방이나 학교 도서관, 사설 독서실 등에서 공부하는 것보다는 커피 한 잔을 시켜 놓고 앉아 인터넷이 되는 카페에서 혼자 학습하는 것에 익숙하다. 일의 집중도와 성과를 내는 데 있어서 일하는 환경은 여러 가지 중요한 요소 중 하나이다. 밝은 조명 아래 개인 칸막이가 있는 널찍한 책상과 편안한 의자 그리고 시원한 에어컨 바람. 그렇지만 이런 도서관 같은 사무실 조건이 마냥 좋은 건 아닌 듯하다. 편안한 복장과 귀에는 이어폰을 끼고 노트북 자판을 두드리고 커피 한 잔이 담긴 텀블러가 있는 이런 분위기이래야 일할 맛 나는 사무실이라고 한다. 효율성과 성과를 더 낼 수 있다면 사무실 환경에 변화를 주는 건 어쩌면 당연한 그들의 요구사항일 수 있다. 카페 같은 사무실 분위기에서 일하는 것이 더 좋은 세대인 듯하다.

## 4. 휴식을 활용하는 방법

시기에 구애받지 않고 조직에 얽매이지 않고 일한 만큼 일하고 놀러 가는 세대. 한동안 워라밸Work and life balance이라는 용어가 모든 직장인에게 꿈처럼 느껴지던 시기가 있었다. 저녁이 있는 삶을 살고 싶다는 모두의 열망을 받아 주 52시간이 활성화되었고 많은 기업들이 정부의 정책을 따랐다. 또한 5일 근무 후 주어지는 2일간의 짜릿한 주말은 한 주 동안 열심히 일했던 이들에게 주어진 달콤한 감사의 휴식 시간이었다. 그러나 MZ세대들은 이런 휴식의 개념을 온전히 자신을 위해 재투자하는 시간으로 활용한다. 이런 젊은 세대들로 인해서 조직문화도 긍정적으로 변하고 있다. 배우고 싶은 것들에 대해 시간과 돈을 투자하고 그 안에서 새로운 에너지를 얻어가는 것이 진정한 휴식인 것 같다.

## 5. 직장 생활에서의 꿈

직장 생활을 하는 사람들이라면 '나도 임원이 될 수 있을까?', '나도 임원이 되고 싶다'라고 누구나 한 번쯤 생각해 보았을 것 같다. 그것은 모두의 행복한 바램이 자 꿈이다. 하늘의 별 따기만큼 어렵고 기업의 꽃이라고 할 수 있는 임원이 되기 위해 삶과 일의 균형을 무시한 채 '월화수목금금금' 그리고 밥 먹듯이 밤을 낮처 럼 환하게 꼴딱 새우며 결과를 만들고 남모르는 노력과 열정으로 일하던 선배들 의 모습을 보면서 '저렇게 살아야 하나?' 혹은 '나도 저런 자리에 올라갈 수 있을 까?' 때로는 마냥 부러워하고 때로는 경쟁에 대한 불안함과 두려움으로 생활하 던 지난날들이 새삼 떠오른다.

지금 MZ세대들은 입사할 때 어떤 꿈을 가지고 들어올까? 그들이 생각하는 임 원들은 어떤 사람으로 보이고 기억될까? 그래서 각 세대의 몇몇 사람들과 이야 기를 나누며 내용을 정리해 보니 확연한 차이가 나는 걸 알게 되었다. 베이비부 머와 X세대가 바라보는 임원의 모습은 과거에 열심히 노력해서 좋은 성과를 얻 고 인정받아 성공한 사람으로서 현재를 이끌고 있는 역할로 보는 반면에 Y세대 가 바라보는 임원의 모습은 힘든 이 시기를 잘 넘겨 지금보다 나은 미래로 나아 가서 기업의 성장과 가치를 지속적으로 잘 이끌어 줄 수 있는 역할로 본다.

그러나 MZ세대가 바라보는 임원의 모습은 매우 단순하며 간단명료하다. 현재 의 어려운 여건을 돌파하는 기획력과 강한 실행력으로 바로 실적과 성과로 연결 시켜 낼 수 있는 유능한 능력과 다양한 네트워크를 가지고 있는 리더로서 인식 하고 있다.

MZ세대에게는 과거의 명성은 중요치 않으며 다가오지 않은 미래에 대한 기대감을 주는 사람보다도 현재 성과에 영향력을 더 잘 발휘하는 사람이 기업의 리더이기를 바라는 듯하다. MZ세대는 책임지는 팀장 자리나 그 이상의 자리에는 그닥 미련이나 욕심이 없어 보인다. 왜냐하면 행복에 대한 생각이 기존 세대와는 다르기 때문이다. 또한 '직장에서의 임원=성공'이라는 공식은 더 이상 직장인들이 꿈꾸던 '행복'이라는 함수와 비례하지 않는다는 걸 그들은 이미 잘 알고 있는 듯하다.

과거에는 회사의 면접관 입장에서 구직자를 고를 수 있는 여러 가지 조건이 있었다면 지금은 모든 것이 구직자 입장에서 일을 쉽게 선택할 수 있는 환경으로 변한 것 같다. MZ세대는 완성된 디지털 장비의 활용 능력을 통해 필요한 정보를 취득하고 공유하며 각 기업을 취사선택을 할 수 있는 환경에 충분히 노출되어 있다.

정규직에 목매기보다는 자유롭게 일할 수 있는 파트타임 업무를 통해 만족을 느끼는 경우도 있고, 대우받는 만큼만 일한다는 생각을 가지고 있으며, 어렵고 힘든 일보다는 스트레스 받지 않으면서 무슨 일이든 경력 쌓는 일에 집중을 한다. 인구 절벽과 맞물려 MZ세대가 필요한 기업 입장에서는 인재 채용 방법과 기준 등을 새롭게 재정의하고 시대에 맞는 기업 인재상을 다시 고려해야만 하는 시기이다. 인사제도도 연공서열에 의한 진급보다는 역량과 기여도를 반영하여 발탁인사를 적극 활용한다면 기회에 목마른 MZ세대가 조직에 대한 충성도 Loyalty를 좀 더 높일 수 있지 않을까? 내가 맞추기보다는 나와 맞는 일과 일터를 찾는 MZ세대, 그런 그들이 우리의 내일이고 미래임을 잊지 말자.

# CHAPTER
# 3

MZ세대를
경험한 17人

성공적인
조직문화를 위한
솔루션 Tips!

# MZ세대
# 조직 정착을 위한
# 기업의 대응

**1**

# MZ세대와
# 리더의 갈등
# 어떻게 할 것인가?

**이진영**
(주)경신 이사

행정학 전공, (주)경신 인사총무팀장(이사), 1997년 공채로 인사팀에 입사해 인사, 교육, 총무 업무 담당, 「HR insight」, 「월간 인사관리」 인터뷰

# 1

## MZ세대와 리더의 갈등
## 어떻게 할 것인가?

대퇴사란 말을 실감하듯 최근 회사 내 입사 3년 차 이하 MZ세대들의 퇴사가 이어지고 있다. 신입 직원들의 이직률이 안정적으로 유지되던 편이었으나 최근 2~3년 사이 MZ세대들의 퇴사는 인사업무를 20여 년 이상 수행한 나에게도 충격이다. 퇴사자의 경우 퇴사 전 면담을 진행하고 있는데 MZ세대들을 면담하며 그들이 이야기하는 퇴사 사유가 최근 MZ세대들의 생각을 반영하는 것 같다.

"이사님은 임원도 되셨고 직책자이시잖아요. 몇 년 입사해서 생활하다 보니 우리 회사는 회사의 역사가 오래돼서 고직급자가 많은데 직급이 올라갈수록 승진율도 낮아서 이 회사에서 성장하는 데는 한계가 있어 보입니다. 지금 수행하는 업무도 비전이 없어 보이고요. 회사도 좋고 동료도 좋지만, 지금이 퇴사의 적기라고 생각해서 퇴사하려고 합니다."

인사담당 임원 앞에서도 위축되지 않고 자신의 퇴사 사유를 논리적으로 스스럼 없이 이야기하는 것을 보면서 '요즘 MZ세대들은 참 다르구나'라는 생각을 하게 되었다. 우리 회사는 전통적인 제조업 회사로 제품을 생산하여 고객에게 신속하게 납품하는 것이 가장 중요한 목표이며 이를 달성하기 위해서 구성원 각각의 의견과 개성을 존중하는 것보다는 집단의 의견을 중요시하는 것이 기존 조직문화였다. 이러한 문화는 회의 문화에서도 나타나고 있다. 회의를 진행하며 의견을 도출할 때 회의를 이끌어가는 리더의 의견에 집중하고 반영되는 경향이 있었다. MZ세대가 입사하며 이러한 분위기에 긍정적인 변화의 조짐이 보이고 있다.

최근 입사한 MZ 신입사원이 인사담당자에게 면담을 신청한 적이 있다. 팀 내 리더(그룹장)와의 갈등 때문에 일어난 일에 대한 고충 처리 상담이었다. 그룹장이 주관한 회의 시간에 본인이 그룹장과 다른 의견을 이야기했다는 이유로 그룹장과 갈등 관계에 있다고 이야기했다. 그룹 내 선배들의 이야기로는 카리스마가 강한 그룹장에게 기존에는 그룹원이 다른 의견을 내는 것이 상상하기 어려웠는데 입사한 지 얼마 되지 않은 신입사원에게 본인의 생각과 다르다는 의견을 들으니 적잖이 당황한 듯하였다는 이야기였다.

HR에서 면담한 MZ 신입사원은 자신이 맡은 직무에 대한 자부심이 강했으며 담당자로서 본인의 소신을 굽히지 않겠다고 이야기했다. 또한 다른 사람의 의견을 존중하고 상호 간 이야기할 수 있는 소통의 문화를 만들어 줄 것을 HR에 요청하였다. 그룹장에 대한 평판 조사를 진행하였는데 요즘 유행하는 단어인 젊은 꼰대 스타일의 리더도 파악되었다.

이와 같은 현상은 수면으로 드러나지 않았던 일부 리더들의 권위적이며 독단적인 리더십으로 인해 조직 내 나타나고 있는 부정적인 조직문화가 개개인의 차이와 취향을 존중하고, 부당한 대우에 대해선 당당하게 의견을 말하며, 자유롭고 수평적인 조직문화를 선호하는 MZ세대들에 의해 공개적으로 이야기되고, HR이 개선할 수 있는 기회가 부여되었다는 점에서 긍정적인 현상이라고 생각한다.

최근 회사 내 경영진의 지시로 임원들이 사내 MZ세대에 대한 이해가 필요하며, 이를 해결하기 위한 제도 도입을 위해 리버스멘토링Reverse Mentoring을 진행하게 되었다. 리버스멘토링은 많은 회사가 도입하여 운영하고 있으며 그 효과에 대해서도 긍정적으로 나타나고 있어 별다른 생각 없이 담당자에게 제도 기획을 지시하였다. 담당자와 제도 도입에 대한 검토를 하며 참 재미있고 효과가 좋겠다고 스스로 만족했다. 제도 도입에 대해 경영층의 결재를 받고 제도 시행을 위한 첫 미팅인 리버스 멘토링 결연식을 진행하게 되었다. 결연식을 통해 제도 도입의 취지와 향후 활동 계획을 설명하였고 각 커플별 활동 계획 작성으로 마무리하였다.

문제는 그 이후에 발생하였다. 멘토(MZ세대 신입사원) 중 한 명이 리버스멘토링의 멘토로 선정된 것에 대한 불만을 멘토링에 참여하는 다른 멘토에게 이야기했고, 심지어 멘티로 선정된 임원에게 본인은 리버스멘토링 활동을 하고 싶지 않다고 면담을 하게 되었다. HR에서는 불만을 표시한 멘토를 면담하였고 본인은 멘토로 선정되었을 때부터 리버스멘토링 활동에 참여하기 싫었고, 이 제도가 누구를 위한 제도인지 이해가 되지 않으며, 특히 업무시간 이외에 별도로 시간을 내어 활동하는 것도 자신에게는 부담이 된다는 의견을 피력하였다. 결국 해당 인원은 멘토에서 제외하였다.

HR에서 면담하면서 느낀 멘토의 태도는 개인적인 성향이 강하며 회사의 공적인 업무를 사적인 업무영역으로 인식하는 생각이 강했다. 다른 멘토들의 의견과 상관없이 리버스멘토링에 대한 부정적인 내용을 참여자와 멘토링과 관계없는 사람에게 이야기하지 말 것을 요청하였다. 금번 내용을 통해 그간 MZ세대들이 가지고 있던 개인적이며 이기적인 성향이 조직에 부정적인 영향을 미치는 것을 확인할 수 있었다. 특히 개인적인 의견에 대해서 카톡 등 비대면 의사소통 수단을 통해서 부정적인 여론을 형성하려고 의도적으로 행동하는 것을 보며 각 계층별로 여론 형성에 중요한 역할을 하는 오피니언 리더의 선발과 관리의 중요성을 느꼈고, 이에 대한 인사관리가 필요하다고 생각되었다.

금번 사건 이후에 생각해 보니 멘토링에 참여하는 임원들의 입장에서만 제도를 설계하고 시행하였고, 실제 활동을 주도하며 임원들과 역할을 수행할 멘토(MZ세대 신입사원)의 경우에는 '얼마나 활동이 부담될까' 하는 마음을 헤아리지 못한 것에 대한 반성을 하게 되었다. HR에서도 리버스 멘토링을 실시하며 결연식 전에 멘토들에게 리버스멘토링의 실시 목적에 대해서 내용을 상세히 설명하고 양해를 구하는 모습이 선행되었어야 하지 않았나 하는 생각이 들었다. 늦었지만 리버스멘토링에 참여하는 멘토들을 소집하여 간담회 형식으로 취지와 목적을 다시 한번 설명하며 참여자 전원에 대해 개개인의 의견을 청취하였다. 또한 운영에 대한 건의 및 개선에 대한 의견을 듣는 시간을 가졌다.

다행히 참석했던 멘토들이 긍정적이고 적극적인 의견을 주어 잘 마무리할 수 있었다. 멘토링 활동 비용 사용 시 멘티(임원)들에게는 절대 비용을 지출하지 말고 회사에서 지급한 활동비를 멘토가 지출하도록 하였는데, 불가항력적으로 회사 지급 활동비 초과 시 개인 비용 사용에 대한 우려 해소방안, HR에서 주관하는 멘토 단체 카톡방을 만들어서 일정 공유와 개인의 의견을 수시로 접수하여 개선하도록 하는 방안, HR 주관 조직 활성화 활동 등 입사 이후 HR에 요구하고 싶은 사항 등에 대해서도 상호존중하는 자유로운 분위기에서 이야기하였다. 그간 코로나를 핑계로 구성원들의 의견 수렴 과정을 적극적으로 진행하지 못한 것에 대한 아쉬움을 표현한 것 같았다.

수시 채용으로 전환한 지 오래되었는데 MZ세대를 비롯한 많은 퇴사자의 발생으로 최근 오랜만에 공채형식으로 대졸 신입사원을 채용하며 면접에 참석한 면접관께서 본인들이 생각하는 좋은 회사에 대한 정의를 질문하셨다. 국내 대기업이나 구글, 아마존 같은 특정 회사가 아닌 본인이 생각하는 '입사하고 싶은 좋은 회사'는 어떤 회사인가에 대한 질문이었다. 본인의 직장관과 MZ세대들이 생각하는 좋은 회사에 대해 알 수 있는 좋은 질문이었다.

그들의 대답은 끊임없이 성장과 혁신을 하는 회사, 나를 발전시킬 수 있는 회사, 성장할 수 있는 회사, 미래 성장 가능성이 있는 회사, 배울 기회가 많은 회사 등 조직과 개인의 성장에 대해서 가장 많은 대답을 하였다. 결국 개인의 성장이 기업의 성장이라는 MZ세대들의 생각을 알 수 있었고 이들이 조직에서 지속 성장하고 있다고 느끼게 하는 것이 퇴사를 막는 방법이라는 것을 알 수 있었다. 참으로 어려운 부분이다. 조직 내 개인의 성장과 비전의 이슈는 MZ세대들뿐만 아니라 기존 퇴사자들도 이야기하는 퇴사 사유다. 다만 그 해결책이 한 가지의 이슈 해결만으로는 충족되지 않으며 회사의 비전, 조직문화, 리더의 역할 등 다양한 연결고리를 가지고 있다는 점에서 해결하기 어려운 것 같다.

면접 질문에 대한 답변을 들으며 기존 세대와 참으로 다르다고 생각한 부분은 나를 발전시킬 수 있는 회사의 구체적인 내용에 대해서 회사의 인재 육성 체계에 대한 내용이 있었다는 것이었다. 물론 최근 MZ세대의 직장 선택 기준에서 가장 우선순위는 급여 등 금전적인 부분이다. 하지만 인재 육성에 대한 부분을 중요하게 생각한다는 점은 주목할 만한 내용이다. 사실 나와 같은 X세대가 입사할 때는 급여 및 복리후생이 가장 중요한 선택 기준이었고, 인재 육성 체계에 대한 부분은 궁금하지도 크게 중요하지도 않았다. 하지만 최근 입사하는 신입사원의 경우 면접 과정에서 확인해보면, 면접할 회사의 홈페이지, 언론 보도 내용, 먼저 입사한 선배들을 통해 회사의 OJT교육, 직무교육, 역량교육 등 인재 육성에 대한 부분을 사전에 꼼꼼히 확인한다. 인재 육성 부분을 입사의 중요한 판단 기준으로 생각한다는 것에 대해 기존 세대와 크게 다르므로 이를 강화, 보완할 필요가 있다.

앞단에 MZ세대의 특징과 그들의 입사로 인해 조직문화에 미치는 긍정적, 부정적 영향에 대해 알아보았다. 세대 간 갈등에 대해서는 이전에 있었고 앞으로도 발생할 것이다. 나는 이에 대한 문제점을 찾기보다 공통의 관점으로 해결할 수 있는 소통과 리더의 역할이 중요하다고 생각한다. 최근 교육기관 '휴넷'에서 만든 세대 간의 소통에 대한 유튜브 동영상을 시청한 적이 있다.

출근 시간에 관련된 재미있는 이야기였는데 9시 업무 시작 전 출근 시간에 대한 X세대인 상사와 MZ세대인 신입사원의 생각에 관한 이야기였다. X세대인 상사는 업무시간이 9시라면 사전 업무 준비 시간이 필요하기에 8시 30분까지 출근하는 것이 당연하다고 이야기하였고 MZ세대 신입사원은 8시 59분에 출근한 것도 업무시간 전 출근이었으니 칭찬해 주는 것이 당연하다는 이야기였다. 상호 간에 이러한 생각에 대해서 서로 이야기하기 전에는 다른 사람의 생각을 몰랐을 텐데 출근 시간에 대해 서로 자신의 생각을 이야기하며 서로 공감하는 장면이 인상적이었다. 결국 출근 시간에 대해 '내 마음을 알아주겠지' 하는 막연한 기대 감과 팀원들에 대한 불신보다는 리더는 자신의 생각을 팀원에게 이야기하고 출근 시간에 대한 그라운드 룰Ground rule을 팀원들과 협의하여 정한 후 공지하는 것이 가장 최선의 방법인 듯하다.

앞의 사례에서 보았듯이 MZ세대라고 해서 모두 자기중심적인 것이 아니고 MZ 세대 중에 젊은 꼰대의 모습도 조직 내에서 심심치 않게 볼 수 있다. MZ세대의 입사로 인한 조직 내 변화는 당연한 흐름이고, 이를 조직 내 긍정의 에너지로 변화시키는 것은 결국 리더의 몫이라고 생각한다.

사람인에서 2020년 조사한 결과에 따르면 MZ세대가 가장 가고 싶어 하는 기업 은 자유롭고 수평적인 소통문화를 가진 기업이라고 한다. 그 회사의 리더가 자유롭고 수평적인 마인드를 가지고 있지 않고 행동하지 않는 한 조직 내 자유 롭고 수평적인 소통문화는 불가능할 것이다.

MZ세대들이 원하는 공정한 평가와 보상을 지원하기 위해서는 명확한 업무지시 와 공정하게 평가하는 리더의 역량이 중요하다. 개인의 성장과 역량개발을 위해 서는 HR의 인재 육성 체계도 중요하지만 자기 계발에 시간을 투자하는 팀원들 에게 눈치 주지 않고 사외교육 수강, 사내 역량 향상 교육 참여 등 활동에 적극 적인 지원을 하여야 할 것이다.

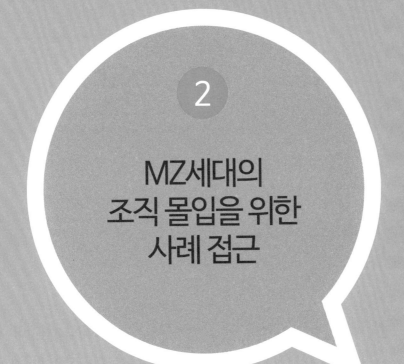

## 2

# MZ세대의
# 조직 몰입을 위한
# 사례 접근

**김현미**
솔브레인 매니저

기업에서 7년간 HR 업무를 수행하고 있으며, 인사와 교육, 조직문화
개선을 통해 함께 일하는 행복한 기업 만들기에 주력하고 있다.

# 2

## MZ세대의 조직 몰입을 위한
## 사례 접근

중고등학교 시절, 전교에 손꼽힐 만큼 공부를 잘했던 엘리트들, 그들은 중학교 시절 공부를 잘해야 고등학교에 가서 뒤처지지 않고 공부 잘하는 친구들과 어울릴 수 있다는 부모 밑에서 하라는 대로, 시키는 대로 살아왔다. 고등학생이 되자, 대학을 위해 내신을 관리하고 겉으로 시험공부를 하지 않은 척하며 서로를 경쟁하며 성적 순위에 따라 친구를 사귀고, 그 친구들 사이에서 성적으로 남모르게 견제하고 경쟁해왔다. 그렇게 대학만 가면 성인이 되어 자유로운 삶을 살 줄 알았는데, 막상 대학에 가니 나보다 더 날고 기는 친구들과 학점을 얻기 위해 경쟁해야 했다.

끝날 줄 알았던 경쟁의 끝은 대기업에 들어가서 본격적으로 시작된다는 것을 기성세대도 밀레니엄세대에 속하는 사람들도 대기업에 취직하기 전까지 이렇게 험난할 줄 몰랐다. 회사에서 살아남기 위해 성과를 창출하고 승진을 위해서 동기,

선후배 사이에서 사내 정치를 하며 짓밟고 싸워 올라가야 했다.

기성세대의 경우 회사에 청춘을 다 바치고 마치 자신이 없으면 회사가 안 돌아가는 것처럼 일했다. 그렇게 열심히 회사를 위해 일해왔지만, 부모님들의 선배들이 어느 순간 회사에서 퇴물로 내쳐지는 것을 보고 그들의 미래가 내가 될 수 있을 거라는 생각했다. 하지만 그들은 회사를 포기할 줄 몰랐다. 그러나 그들도 끝없는 경쟁 속에서 이젠 점점 지쳐만 갔다. 그렇지만 포기할 수가 없었다. 내가 지켜야 할 가족들이 있으니까. 끝없는 경쟁이 반복되어 왔다는 것을 민지(MZ)들은 알고 있다.

그들은 회사가 직장인의 인생 자체를 보호해 주지 않는다는 것을, 기성세대를 보았기에 기성세대와는 아주 조금 다른 시각으로 바라볼 것이다. 과거 천편일률적인 직장생활이 정답이 아닌 자신의 한계에 도전하고 스스로의 가치와 성장을 위해 나아가고 그것을 인정받는 삶에 더 치우쳐져 살아갈 것이다. 그래서 MZ세대는 조금 더 빨리 그들이 원하는 삶이 어떤 것인지 깨닫고 평생직장은 없다는 것을 말이다. 그래서일까 이 말은 바이러스처럼 퍼져나갔다. 평생직장이라는 말이 절대적이지는 않지만, 위에 이야기했든 좋은 학교, 좋은 직장을 나와 안정적인 연봉이나 연금을 받으면서 노후를 맞이하는 교과서적 같은 삶을 운하는 것이 아니라, 이미 이런 삶의 패턴 속에 지친 사람들이 시대가 빠르게 변화하면서 그들의 목소리를 내며 그들이 원하는 삶을 살아가기 위해 사회에 목소리를 내는 것이다. 내 다음 세대에 이런 사회환경을 물려주지 않기 위해서 말이다.

● MZ세대의 조직 몰입을 위한 소통 방법, 협력 방법 등 변화를 위한 노력 중심의 사례 접근

필자는 밀레니얼세대다. 베이비붐세대, X세대와 소통하는 것은 밀레니얼세대인 나도 어렵다. 무엇이 어렵냐고 물어본다면 그냥 어렵다. 그렇다고 MZ세대와 소통하는 것이 쉽냐? 그것도 아니다. 그들과 소통하는 것도 어렵다. MZ세대의 친구가 줄임말을 섞으면 무슨 뜻인지 정확하게 모르지만, 문장에서 그 단어의 의미를 이해한다. 하지만 세대를 넘나들어 그들을 이해하면 조금이나마 소통의 어려움에서 한 발짝 다가갈 수 있다.

그들은 자신의 의사를 자유롭게 표현하고, 요구하며 존중받길 원한다. 그들과 업무할 때 정중하게 요청하고, 정확하게 표현하는 소통의 방식이 중요하다. 즉, 표현의 방식이 다르다. 업무에 있어서도 정확한 피드백을 원하고 그들의 성과를 인정받길 원하며 그들도 소통하길 원한다. 그리고 그들의 성과를 인정하고 성과에 대한 보상을 정확하게 해줘야 한다.

무엇을 원하는지, 어떤 것에 관심을 가지고 있는지 알아야 그들을 이해할 수 있고 그들과 소통하는 데 어려움이 없다. MZ세대가 변화시킨 것들로 인해 화제가 된 것들이 있다. S사의 성과급 논란, 학폭 가해 연예인 금지, N잡러, 파이어족, 돈쭐내기처럼 소비가치까지 변화시켰다.

## ▶ 행복을 추구하는 MZ, 워라밸을 외치다

일도 중요하지만 제대로 쉬는 것이 중요한 시대가 돼버렸다. 즉, '일과 삶의 균형'(워라밸)을 중요시하는 기류가 높아지면서 기업들은 경쟁적으로 사내 복지를 확대하고 나섰다. 첨단산업 기술을 기반으로 한 회사에서 우수인력 확보가 기업 경쟁력으로 직결되면서 복지 향상을 통해 인재 유출을 막겠다는 의도인 것이다. 사내 복지를 경쟁적으로 확대하면 연봉 인상 폭에 한계가 있다. 하지만, 사내 복지 확대로 MZ세대 직원들의 마음을 사로잡겠다는 것에 MZ세대들은 마음이 사로잡힌다.

## ▶ 내가 일할 회사는 내가 찾는다, MZ세대의 기업 선택 기준

대한민국 Top 30위 대기업을 제외한 나머지 회사의 경우, 구직자 대부분 사람인, 잡코리아와 같은 채용 사이트에 올라온 채용공고를 유심히 살펴본다. 특히, MZ의 경우 채용공고를 꼼꼼하게 살펴보고 이 회사에서 어떤 업무를 하게 될지, 이 회사의 조직문화가 어떤지를 지원하기 전에 찾아보고 지원을 결정한다. 채용공고가 형식적일 수 있겠지만, 구직자들은 채용공고를 통해 회사, 업무, 회사 분위기 등을 파악할 수 있다. 또한, 구직자가 제일 처음 회사를 접할 수 있는 수단이 채용공고이기 때문에 더욱 중요하다. 물론 채용공고에 모든 내용을 다 내재할 순 없다.

일하다 보면, 내가 속해있는 업계를 넘어 다른 회사나 업계의 동향을 파악하는 것은 당연하다. 경제가 어떻게 돌아가고 있으며 사회 트렌드를 파악할 수 있기 때문이다. 이 나이가 되면, 주변 지인들이 속한 회사의 소식들도 간간이 들려오고 타 회사에 대한 정보를 통해 업무에 도움을 받을 때가 있다. 그렇게 알게 된 식품업계의 D사가 있다. D사는 식품업계에서 한가락 하는 회사인데 그 회사 홈페이지를 들어가 구경하던 중 브로슈어를 보고 조금 특이하다고 생각했다. 조직문화, 육아휴직 제도, 근무 인원수, 기업의 방향을 정확하게 글로 표현했다. D사처럼 투명하게 공개된 브로슈어를 본 적이 없었다. 채용공고가 기업의 얼굴이라 생각했었는데 여긴 달랐다. 주변에 D사의 브로슈어를 보여주면서 물어봤다. 다들 놀라워했다. 이렇게 투명하게 보여주는 회사가 있다니. 이게 CEO의 선택인가 직원들의 업무 방식인가. D사 브로슈어를 보면 한눈에 조직문화와 기업의 방향성, 추구하는 가치, 직원들을 생각하는 복지제도 등을 볼 수 있다. D사는 미리 변화에 맞춰 이렇게 만들지 않았을까?

● MZ세대의 이직률과 조직 몰입을 위한 기업 혁신

연말이면 '블라인드'라는 애플리케이션에 회사마다 성과급에 대한 이야기들로 가득 찬다. 자동차, 바이오, 조선, 건설, IT, 반도체 업계를 막론하고 성과급이 적절한가, 연말이면 성과급이 얼마 나올지 계산한다. IR 자료를 찾고 회사에서 어떤 투자를 하고 얼마를 썼으며 그래서 우리에게 돌아와야 할 성과급이 얼마인지를 찾는다.

블라인드에서 '연봉이 높은 것이 좋으냐, 성과급이 많은 것이 좋으냐'라는 글을 읽었다. 글이 올라온 지 얼마 안 돼 수십 개의 댓글이 달렸다. 어느 것이 정답일까? 과연 정답이 있을까 싶었다. K사 성과급에 대한 이슈가 있었다. 블라인드에 그 회사의 글들이 많이 올라왔었다. 그 글 때문이었을까? 아니면 그들이 회사에 목소리를 내서였을까? 결국 뉴스에도 여러 번 논란거리로 기사화되더니 회사에선 일정 금액의 성과급을 지급하기로 결정했다. 그들은 가만히 앉아 기다리지 않는다. 그들은 기업이 투명하게 공개하길 원하고, 자신들이 일한 만큼 보상받길 원한다. 그것이 그들이다.

'커피챗'이라는 플랫폼이 있다. 내가 궁금한 커리어의 사람과 1:1 대화 연결을 통해 커리어 고민을 나누고 회사에 대한 정보도 얻는다. 현직자와 이야기하면서 자신의 직무를 다시 한번 고민하며 지원할 회사의 기업 문화나 내부 정보들을 얻는다. 다른 회사들의 기업 문화나 HR 경영에 대해 궁금해서 이용해본 적이 있다. 너무 놀라울 정도의 이야기를 들어서 경악을 했다. 대기업 S사의 이야기다. 수직적 조직의 회사로 요즘 HR 트렌드인 수평적 조직과는 사뭇 다른데, 자유로운 팀 체인지가 가능하다고 한다. 다양한 연령층으로 구성되어 있지만 대부분이 20~30대이며 그들의 의사로 팀을 바꾼다는 게 놀라웠다. 어떻게 이것이 가능할까?

호기심이 생겨 조금 더 질문을 했다. 성과만 낼 수 있다면 회사에서는 어느 부서를 가도 괜찮다는 다소 프리(?)한 마인드였다. 심지어 직원들도 자신의 커리어와 성과를 위해, 그리고 다양한 직무 경험을 통해 그들이 잘하는 일을 회사 내에서 찾을 수 있도록 한다는 것이다. 물론 한 팀에 오래 머무는 직원들도 있다고 했다. 이런 회사가 있다니 전혀 상상하지 못한 것이라 충격적이었다.

그럼 그들은 얻고자 하는 것을 충분히 얻었는지 궁금했다. 절반 이상이 얻는다고 했다. 케바케$^{Case by Case}$지만, 어떤 사람은 한 팀에 머무르며 일을 통해 전문성을 찾고 어떤 사람은 본인의 성격과 맞지 않아 자신의 성격과 맞는 팀을 찾아 나선다고 했다. 기업 입장에선 너무나도 좋을 듯 싶다. 기존 인력을 충분히 활용하여 그들이 원하는 팀으로 배치함으로써 성과를 창출하게 하고, 기업 문화와 회사에 대해 잘 알고 있으니 부서를 바꾼다고 해도 잘 적응할 것이다. 직원 입장에서도 본인 적성에 맞는 일을 하고 성과를 창출할 수 있는 팀에서 성과를 만들어낼 수 있기 때문이다.

물론 S사의 인사운 영이 정답이라고 할 수 없다. S사의 인사 운영을 따라 해서 실패할 수도, 성공할 수도 있다. 하지만 S사 문화의 장점은 직원이 팀을 선택할 수 있다는 것이다. 결국 MZ세대가 원하는 것처럼 내 경력 관리를 할 수 있고, 성과를 낼 수 있고, 그들이 원하는 일을 찾아갈 수 있도록 허용하는 것이다. 회사는 이들이 보다 조직에 몰입하고 성과를 창출할 수 있도록 지원하면 된다.

### ● 나의 커리어, 현재와 미래를 고민하다.

필자는 가끔, 너무 생각이 많아서 때론 생각이 생각의 꼬리를 물고 물어 생각 속에 하루를 다 보낸 적도 있다. 생각 대부분은 '지금 내가 하고 있는 이 일이 나와 맞는가?', '내가 어떤 성과를 낼 수 있을까?', '무엇을 할 수 있을까?'이다.

최근 어떤 한 노년의 남성을 만났다. 서로 신분(?)을 소개하고 가벼운 대화를 시작했다. 그의 모습은 내가 존경할만한 부분들이 너무 많았다. 한참을 그렇게 이야기하다 그가 나에게 물었다. "인생의 목표가 무엇이냐고. 혹시 생각해 본 적이 있냐. 어떤 삶을 살기 원하느냐고". 순간 말문이 막혔다. 한동안 그의 질문이

머릿속에 맴돌았고 주변 사람들에게 이 질문을 몇 번이고 했었다.

세대를 불문하고 누구나 어떤 삶을 살지 고민하는 건 똑같다. 즉, 어느 나라에 살든, 어느 지역에 살든 사람 사는 거 다 똑같다는 말이다. 시대의 변화로 살아온 환경이 다르므로 겪는 세대의 차이는 있지만, 결국 다 똑같은 사람이다. 서로를 이해하고 배려하고 변화된 사회환경 속에 적응하며 살아가야 삐그덕거리지 않고 조화롭게 협력하며 살아갈 수 있을 것이다. MZ세대가 기대하는 것은 원하는 것을 찾아 그것에 몰입하여 즐거움을 찾고자 하는 것이다.

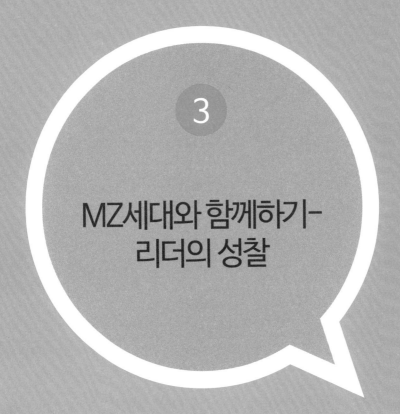

# 3

# MZ세대와 함께하기-
# 리더의 성찰

**정현아**
한국HR협회 전문위원

최근까지 26년 남짓 기업에서 HRD 업무를 수행하였다. 계속해서 교육, 코칭 및 상담을 통해 '사람과 조직의 변화&성장'을 돕는 일에 일조하고자 한다. 前) 빙그레 인재육성팀장, 한국상담학회 1급 전문상담사, NLP Master Practitioner, 한국코치협회 인증코치, 교육학 석사

# 3

## MZ세대와 함께하기-
## 리더의 성찰

● 미래의 주역 MZ세대에게 묻다

MZ세대는 조직 내에서 '성장, 전진, 학습, 배움'에 관심을 두며, 어떤 방법으로
이를 획득할 것인가가 관건이다. '일과 삶'을 어떻게 영위하고(우선 순위, 시간
및 에너지 관리), '자기실현과 현실적 갓??!일상', 그리고 MZ세대로 '그룹핑 되
는 영역과 독립적인 영역'은 각각 어떻게 구분하고, 통합할 것인지가 고민이다.
이러한 MZ세대에게 기성세대가 배워야 할 점은 무엇인지, 조직에서 경험하는
세대 간 '공감의 지대와 괴리감의 지대'는 어디인지, 신뢰하는 리더는 누구이고,
조직과 리더에게 기대하는 바는 무엇인지에 대해 파헤쳐 보고자 한다.

▶ MZ세대, 답하다 (김**후배 인터뷰)
높은 경쟁력을 뚫고 들어온 신입사원들 스펙이 너무 좋잖아요. "옛날 같으면 난

입사 못 했을 거야" 하던 선배들의 말처럼 저도 그렇게 느껴져요. OA 활용 능력도 우수하고 실력 측면에서 뭐든 저보다 낫다는 생각이 들더라구요. 요즈음 중고 신입(근무 경험을 하고 새로 입사한 신입사원)들도 많잖아요. 일의 목적도 어느 정도 알고 실무 경험도 있으니까, 업무 속도도 빠르고 일도 잘해요. 그렇지만 누구나 실수는 하게 되고 성장통을 겪기 마련이니, 잘 못 하거나 부족하면 이때 필요한 게 코칭이겠죠. '후벼팔 거냐, 새살을 돋게 할 거냐'라는 갈림길에서 '리더의 기다림과 서포트' 그게 코칭 아닐까요? 아기가 넘어질 때 혼내지는 않잖아요. 흙을 털어주면 되는 거죠. 곧 일어나 다시 걷고 뛸 테니까요. 처음 신입 후배에게 일을 주었을 때 '잘 할 수 있을까' 걱정되고 그랬는데, 맡겨 놓고 보니 꽤 수준 높은 결과물을 빠른 시간 내 내더라구요. 깜짝 놀랐어요.(우월성)

MZ세대에게 중요한 건, 일을 할 때 일의 목적과 의미를 잘 알려줘야 합니다. 그 다음은 자율적으로 하게 하는 거죠. 스타트업 기업, 성숙 기업 등 기업의 발전 속도에 따라 일부 차이는 있겠지만 최대한 자율을 부여하는 겁니다. 일을 시작하기 전, 큰 방향의 가이드만 주고 그 외, 예컨대 일의 프로세스는 자율에 맡기는 거예요. 가이드는 성과 없는 결과물이 나오지 않도록 하는 대비 차원이기도 하고요. MZ세대 입장에서는 주도적으로 일을 다 마치고 결과를 내었는데, "이게 아니다." 라고 하면 그동안 들인 노력과 시간에 크게 괴리감을 느껴요. 자율이 꺾이고 다음에 자율을 발휘하지 못하는 거죠. 개입은 최소화하고 결과물에 피드백해주면 자연스럽게 받아들일 것 같아요. 제 경우, 후배에게 책상 정리하는 사소한 일도 "이거 하나하나가 자기를 만들어가는 브랜딩이야." 하면서 얘기해줬던 일이 있어요. 그렇게 말하지 않고 하라고만 하면 저를 꼰대라고 했을 거예요.^^(자율성)

세대 간 가치관과 직장관도 많이 달라졌죠. 집값도 오르고 악착같이 벌어서 저축하려는 계획은 많이 희석된 것 같아요. '월급 많이 받고 승진해서 윤택한 삶을 살겠다' 보다는, '적당히 벌고 살면 되겠지' 하는 생각이 있어요. 비슷한 근로 조건이면 워라밸Work-life balance 하기를 원하죠. '퇴사', 망설이지 않는 것도 그 때문이에요. 사회 전반적으로 이직이 보편화되기도 했고요. '이 정도도 못 버티고 왜 굳이 나가지?' 하는데, 그건 조직에 대한 기대치가 달라서예요. 세대별로 살아온 성장 배경과 경험이 다르니, 그 격차는 앞으로 더 심화되겠죠. 상호 이해하는 게 중요한 것 같아요. 사실, 세대 간 본질은 크게 다르지 않다고 봐요. 표현 방식, 전달 방식이 다를 뿐이죠. 기성세대에게는 익숙하지 않은 방식이겠지만, 귀찮아하지 말고 구구절절 다 얘기해줘야 해요. 그리고 그게 자기주장만을 위한 게 아니라, 이해하고 받아들일 수 있게 하는 소통이어야 해요. MZ세대는 토론해 보고 '자신이 틀렸다'고 납득되면 아집을 부리지 않아요. 말해주지 않는 게 문제라고 생각해요.(차이와 갈등)

한편, 사회가 MZ세대를 이해하라고만 하는 것도 문제예요. 지금은 MZ세대가 주축이지만 그들도 나중엔 기성세대가 될 거잖아요. 기성세대의 가치를 무시하면 안 된다고 봐요. 기성세대의 입장과 생각도 이해해야죠. 보는 시각이 다를 수 있으니, 충돌도, 융합도 있겠죠. 꼰대가 있듯이 역꼰대도 있어요. 역차별이 될 수 있는 거죠. 일방적이지 않고, 사회적 이슈와 오해를 극복하고 '왜 그런가' 서로 이견을 나누는, '문답, 토론, 논의'의 과정을 반드시 거쳐야 해요. 그게 진짜 소통이죠. 기성세대, MZ세대, 혼자만의 결과물은 없잖아요. 같은 공간에서 같은 목적을 가지고 함께 일하는 건데, 기성세대는 방향을 잘 잡고, MZ세대는 내용을 잘 담아내면 좋은 결과물을 만들어낼 거예요. 그리고 그걸 다음 세대에 잘 전승하는 거고요.(소통과 창조)

## ● 조직과 리더의 책무, 그리고 자성

MZ세대, 무엇으로 성장하는가, 어떻게 관계하는가? 리더는 MZ세대의 성장과 전진의 욕구를 어떻게 독려하고 리딩할 것인가, 어떻게 팔로업할 것인가, 조직과 리더는 준비가 되어있는가?

리더는 '어떻게 대응할지를 알고 있는 사람'이라야 한다. 대응을 위해서 목표를 무엇으로, 또 목표를 위해서 무엇을 할지를 결정해야 하고, 목표를 실현하지 못했을 때에는 책임지는 자여야 한다. 습관성 구호처럼 빈번하게 외치는 '변화'의 출발은 단언컨대, 리더로부터이다. 리더 스스로 어떻게 바뀔 것인지, 리더는 스스로의 변화를 위해 무엇을 할 것인지, 우선순위를 어떻게 둘 것인지, 결과에 어떤 책임을 질 것인지, 물음에 답해야 한다. 자신의 경험만 있고, 일 처리 방식과 관계 관리의 보편성을 모르거나 알려주지 못하면, 스스로를 돌이켜보고 자문자답할 수 없으면, 소통하지 못하면 실질적인 리딩을 할 수 없다.

소통이란 진짜 대화를 뜻한다. 욕구를 읽고 관점을 좁히고, 원 팀 One Team의 인식으로 정보와 대안을 내고 결과를 함께 만드는 일이다. 이전과 차이를 만들고, 더 나은 결과를 도출하는 성장 대화이다. 소통은 '감정, 생각, 욕구'의 차이를 좁히는 문답의 과정을 필연적으로 거친다. '그의 신발을 신고 2km를 걷기 전에 그를 판단하지 말라'는 말이 있다. 좋은 대화는 조망을 수용하지만 perspective-taking, 나쁜 대화에는 비 인격과 강압의 그림자가 드리워진다. 신뢰란 자기 지향성을 낮추고 상호 간 믿음, 친밀감, 예측 가능성을 높이는 일일 텐데, '리더의 인식은 합리적인지, 리더의 생각과 말은 신뢰할 만한지' 점검이 필요하다. 리더의 깊은 마음과 간결한 말이 MZ세대에게 안전하고 명확한 나침반이 된다. MZ세대를 다루는 기술적 방법을 논하기에 앞서 전제해야 할 점은, MZ세대가 현재 직면하여 고군분투하고 있는 일이 '필히 할 만한 가치'가 있는지 확인하고 그 가치를 반드시 공유하는 일이다. 리더의 책무, 그리고 자성을 이야기한 이유가 여기에 있다.

## ● MZ세대, 이탈의 원인은 무엇인가?

MZ세대가 조직에 뿌리를 내리지 못하고, (물리적, 정서적으로) 이탈하는 원인은 크게 두 가지로 귀결된다. 첫째, 일의 목적의식이 지속되지 못하는 데에서 오는 '무(無)성장의 초조함, 반복의 무료함'이고, 둘째, '주변 관계와의 갈등' 때문이다. 즉, '일과 관계'에 관한 점이다. 통상, 일에는 반복성의 내재적 속성이 있어, 계속해서 업무 가치를 발견하고 개선해주지 않으면 안 된다. 업무의 의의(意義)를 분명히 해줘야 한다. 의미 발견이 없으면 동기도, 의욕도 없다. 일을 놀이처럼 여기고 일의 본질인 즐거움을 체험하게 하려면, 일을 하기 전에 '왜 일하고 있는가'에 답을 줘야 한다. 힘듦과 괴로움은 다르다. 희생이 아니라, '존재감, 기여감, 공헌감'을 느끼게 해야 한다. 이탈의 원인, 두 번째와 관련하여 로버트 레버링Robert Levering(포춘 100대 기업을 선정하는 세계적인 경영 컨설턴트)이 한 말이 있다. '아침에 일어나 출근하는 것은 어떠한 관계 속으로 들어가는 것이다.' 일터 관계란, '상사, 업무, 동료' 세 관계이며, '신뢰, 자부심, 재미' 요소가 각 관계 안에서 형성되어야 한다. 특히, 상사와의 신뢰는, '일(업무 지식, 경험)에 대한 신뢰, 성격과 정서적 신뢰, 공정 등의 제도적 신뢰'를 총합한다. 그래서 상사라는 개념 안에는 회사, 경영진이 포함되어 있다.

MZ세대의 이탈을 막고 몰입을 높이는 방안으로 동기부여 이론을 적용하지만, 종종 현실적 한계에 부딪힌다(욕구 5단계 이론, XY이론, 위생이론, 동기이론, 목표관리이론, 강화이론, 직무특성모델 이론, 사회적 정보처리이론, 공평이론, 기대이론 등의 동기부여 이론이 있다). 예컨대, 급여 문제를 해결하더라도 '불만족 없음'은 '만족'이 아니며, 승진 등 '기대와 보상에 대한 매력도'가 아무리 높아도 실현 가능성이 희박하면 이 또한 무용지물이 되고 만다.

당초 '동기부여'라는 개념이 경제 성장기에는 크게 부각되지 않았을 것이다. 불필요했는지도 모른다. 먹고 사는 일의 절실함이 있던 시절, 누구든 밤낮없이 일했고, 그에 상응해 급여도 받고 승진도 했을테니, 당연히 기여감도 있었으리라. 동기부여의 출현은 급변하는 환경에서 비롯된다. 어렵게 취업했지만 얼마 되지 않아 불가피하게 사표를 제출하는 적잖은 젊은 세대, 자유롭게 즐기고 좋아하는 일을 하는 프리타 Free arbeit, 구직 활동을 하지 않는 니트족 NEET : Not in Education, Employment or Training, 필요에 따라 임시로 계약 관계를 맺는 긱 Gig 이코노미 환경에서의 다양한 고용 형태, 알바(아르바이트), 전직, 이직, 이유와 답도 수백 가지가 넘는다. 불안정 취업자가 늘고 세상은 이렇게 변했다. '왜 일을 해야 하는지, 일은 왜 열심히 해야 하는 것인지' 의문을 가지며, 동기부여는 어려운 계산법을 요구받고 있다. 빈곤을 벗어난 성숙사회(실은, 풍요 속 빈곤, 양극화 시대)에서 동기부여는, 더 나은 미래를 확실하게 보장해주는 솔루션이 결합될 때 비로소 존재할지 모른다.

한편, 근무 연차가 높아지면 목표 의식은 올라가는 반면, 몰입은 오히려 저하되는 현상을 발견한다. 조직의 역학관계에 따른 구성원의 다중적 역할이 증대되기 때문이다. 인적, 물적 정보와 자원의 접촉 기회가 많아지고, 학력 수준과 개인의 주관성이 높아지면서, MZ세대에게 있어 삶의 의미와 자신의 가치를 확인하는 경향성은 더욱 높아지고 있다. 그들을 속수무책 떠나보내며 조직과 리더는 여전히 '해야 하는, 하지 말아야 하는 단순 관리 방식'에 머물러 있는 건 아닌지, 리더의 통렬한 성찰, 인식의 변화를 강조하는 것이 이 때문이다. 일에 있어서 정교하고 정확하게, 관계에 있어서 상호 안정성과 소통의 자유를 누릴 수 있도록, 장기적이고 지속적인 변화관리, 문화 조성이 함께 뒷받침되어야 한다.

● MZ세대, 날개가 있습니다. (자율)

국가 발전의 3단계(칸트, 『영구평화론』)를 조직에 적용해 볼 때, '무자율(매우 의존적인) → 타율(시키면 하는) → 자율(스스로 알아서 하는)'의 단계 중 우리는 어디에 위치하고 있을까? 타율 단계에 머물러있는 기업은 구성원을 수단화하여 의미를 간과하고 효용에 치중한다. 구성원은 목표, 과업, 정보를 주고받는 '대상'일 뿐이다. 자율 단계의 기업은 구성원을 '목적'으로 대하고 상호 존중의 문화를 중시한다. MZ세대, 그저 띄울 것인가, 스스로 날게 할 것인가, 표류하다 꺼져버리게 할 것인지, 자신의 힘과 의지로 움직이게 할 것인지! 자율성은 MZ세대를 비상하게 하는 원동력이다. 순응이 아닌, 역풍의 힘이야말로 MZ세대의 창조성을 이끄는 원천이다. 자율은 우리 인간을 날게 하는 욕망의 힘이기 때문이다.

4차 산업혁명과 코로나 환경을 거치며 인간관계는 달리 작동되었다. 권위와 연대는 약화되고 개인의 안정과 행복, 즉, 개인화에 따른 공정성, 평등 의식, 자기 안정성이 강화되었다. 불확실성 시대, '개인화, 전문화, 분화'로 권한의 배분이 불가피하고, 자유가 더욱 요구되고 있다. 끊임없이 새로운 지식과 정보를 유입해야 하고, 암묵지 비중은 높아져 가고 있기 때문이다. 여전히 잔재하는 관료주의, 한계에 봉착한 듯하다. 개인에게 더 많은 자유를 줘야 한다. 자유의 조건은, 시공간 외적 장애가 없는, 간섭받지 않는 것이며, '권한, 공유, 참여, 투명성'이 전제되는 진정한 자유라야 한다. 무엇으로부터의 자유가 아니라, 무언가를 위한 것이라야 한다. 즉, 일의 범위를 수평적으로 넓혀야 하고, 지시가 아닌 자기 책임하의 자기 주도적 수직 구조를 구축하는 일이다. '일의 내용과 범위, 일할 시간, 방법과 장소, 함께 일할 사람'까지도 선택할 자유를 부여해야 한다. 자유는 협업을 수반하고, 자율성은 탁월성을 만든다. MZ세대, 행동이 아닌 존재에 주목하여 그들의 공헌감에 '고맙다'고 말할 수 있어야 한다. 경쟁이 아닌, 라이벌 의식을 고취할 때 지금보다 더 뛰어난, 탁월함이 만들어진다. '구글의 아침에는 자유가 시작된다.' 다시 자유! 그래야 좋은 인재가 들어오고 좋은 인재로 길러진다.

MZ세대, 걷지 않고 즐거워 춤을 추는 또 하나의 세계를 품고 있다. M. 칙센트미하이(Mihaly Csikszentmihalyi)의 몰입(Flow)과 같은 맥락이다. '해야 하는 필요'보다 '하고 싶어 행하는 자율적 행동'은 시공간을 초월한다. 꿈, 상상, 창작, 미래의 판타지는 현실과 구분되지 않는 세상이다. 날기 위한 용기, 모험, 열정만 있다면 드높이 날 공간으로 가상 공간도 엄연한 현실 공간으로 작동하고 있다. MZ세대, '감각하는 세상과 지향하는 세상' 두 공간 속에 살고 있으며, '일과 놀이'의 경계 없이 '비즈니스와 유희'를 만들어 내고 있다. 좋아하고 즐기고 창조하는 활동은 자기 목적적 자율성에서 나온다. 사우스웨스트 항공사의 펀(Fun) 경영, 신뢰경영은 이를 설명해 주는 좋은 선례이다.

## ● MZ세대, 더 잘합니다. (실행)

뷰카(VUCA : Volatility, Uncertainty, Complexity, Ambiguity_변동성, 불확실성, 모호성, 복잡성)
시대에는 상호 이해관계의 '충돌, 모순, 복잡성'으로 구성된 난해한 5차 방정식
을 풀어야 한다. 논리적 사고와 합리적 행동만으로 답을 구할 수 없다. 생각의
물음표와 행동의 느낌표가 수없이 부딪히면서 유레카의 해법을 찾고 창조적
지성을 만든다. 의문의 긴 사막을 지나면 신기루 같은 생명수가 우리를 늘 반기
고 있지 않은가! 작렬하는 한 여름 태양의 열기가 해 질 녘 붉은 노을의 빛으로
변신하면 우리는 어느새 문제 해결자, 득도자가 되어 있을 것이다. 인간은 오랜
기간 축적해 온 생명 정보를 통해 자신의 행동을 순간 단행하는 감(感)을 이미
체득했다.

확실하지 않아도 일단은 시도하고 도전하는 것은 MZ세대의 무기이고 특권이며
실재(實在)이다. 기성세대는 의구심이 많아 주저하고 머뭇거리지만, 그들은 과
단성 있게 덤벼든다. 무모함이 아닌, 용감한 실험을 감행한다. 순간적인 직관과
느낌으로 판단하고 뛰어드는 것은 '수많은 회의 끝에 이뤄지는 행위이고 결단'이
다. 의문과 물음의 프로세스를 작동시켜서 스스로 자기 안의 많은 대화 과정을
거친 후, 순식간에 옳고 그름을 결정한다. MZ세대는 '끝없는 생각, 의문, 지적
분석'의 과정을 거쳐 결정적인 기회를 만들어낸다. 앞으로 그들은 기업 문화를
바꾸고 비즈니스를 바꾸고 미래 사회를 창조해 낼 것이다. MZ세대의 '모험, 상
상, 방황, 탐구, 열정, 반전'을, 리더는 빠르게 감지하고 활용할 줄 알아야 한다.
천천히 서두르는 지혜를 갖춰야 한다. 인간이 가지고 태어난 성장의 씨앗은
때가 되면 잠재된 것을 발아해서 열매를 맺는다. 아이의 성장 과정에서 말문을

트는 것과 같다. 더디고 어눌한 단어의 나열이 어느새 문장의 완성을 이룬다. 말하기의 여정은 어지러운 일탈의 선로를 거쳐 목적지에 다다르는 과정이다. 안 쓰는 근육을 키우는 일, 다른 나라의 언어를 습득하는 일, 모두 지난한 과정을 거친 후에라야 계단식 성공을 맛본다. MZ세대는 좀 더 기다려주고 지지하면 더 잘한다. 리더는 속도를 조절하면서 바라볼 줄 아는 눈과 마음을 가져야 한다. 다가올 기회를 차분하게 기다려주고 기회가 오면 신속하게 추진하면 된다. 완벽이라는 허상의 함정에 빠져 실행(행동)의 발목을 잡으면 안 된다. 혹, MZ세대를 공포지대(무서움, 두려움, 불안감)에 가둬두고 있는 건 아닌지, 아니면 안전지대(평안, 수월함)에 머물게 하는 건 아닌지, 그들을 학습지대(흥미, 도전, 긴장감)로 이끌어내야 한다.

● MZ세대, 관계하고 함께 만듭니다. (소통과 창조)

인간과 인간, 인간과 사물, 인간과 기계가 연결되는 세상이다. 이질적인 것이 하나 되는 세상이다. 극과 극은 통한다. '만남, 링크link, 인터랙션interaction, 접속'의 과정을 거치면서, 치우치지 않고 균형과 조화로움을 만든다. 경계의 벽을 무너뜨리고 보이지 않는 것을 보기 때문이다. 꽃과 벌, 멀리하며 또 가까이한다. 경영자와 노동자, 서로가 없이는 성립할 수 없다. 각자의 권리 주장만이 아닌, 상호존중과 원윈Win-win의 관계를 맺는다. 단풍이 아름다운 것은 성장의 소멸과 새로운 성장으로의 촉진, 재탄생의 과정이 있기 때문이다.

MZ세대를 특징짓는 키워드 중 하나가 '다양성'이다. 다양성의 힘은 공유된 가치에서 나온다. 다양한 정체성을 가진 MZ세대의 스타일, 가치관, 문화 차이를 학습하고 수용하며 통합해야만 다양성의 장점이 발휘된다. 의견이 풍성해지고 의사결정이 좋아지며 조직은 더 튼튼해진다. 양자택일을 넘어선 통합의 장에서는 충돌이 일어나지 않는다. '노동과 놀이, 학습과 놀이, 워라밸Work-life balance, 크로스오버Crossover, 퓨전Fusion, 패러디Parody, 콜라보Collaboration'가 같은 맥락이다. 다양성을 지향하는 학습 풍토를 만들어 기업의 효율성을 높여야 한다. 다양성은 시대적 가치이며, 신뢰라는 보편적 가치 위에서 성립한다. 그리고 양적 확대를 넘어서 질적 관리가 수반되어야 한다.

세대 간 커뮤니케이션의 단절이 위기라고들 한다. 관계하고 함께 만들라. 인간은 본질적으로 불완전하고 완전을 추구하는 존재이다. 세대 간에 배울 점이 있다는 것은 부족한 게 있다는 것이고, 부족함이 있다는 것은 변화의 가능성이 있다는 것이다. 창조와 독창은 결핍에서 나온다. 서로 다른 분야가 만나 통하고 변해야 한다. 그래야 새로움이 탄생한다. 세대 간 경계의 문을 안팎으로 활짝 열자. 단순한 정보 교환의 수준이 아닌, 모래알 같은 건조한 관계가 아닌, '집합적 이해를 통한 현장에의 전이, 변화, 창조를 일으키는 관계짓기'여야 한다. 소통의 즐거움, 창조의 기쁨, 독창의 희열을 만들어내자. 잘 뭉치는 자가 승리한다. "2050 한국의 서울은 아시아 연합국가의 수도가 될 것이다." 『21C 사전』 프랑스 석학 자크 아탈리Jacques Attali, 미래 문명의 비전을 제시했다. 합리적이고 정확한 예측이 아닐까!

## ▶ 반가사유상(半跏思惟像)처럼 ◀

국립중앙박물관, 어둡고 고요한 '사유의 방'에는 국보로 지정된, 1,400여 년 세월 너머의 반가사유상 두 점이 전시되어 있다. 종교와 이념을 넘어 깊은 생각에 잠겨 고뇌하듯, 우주의 이치를 깨달은 듯, 신비로운 미소를 짓고 있다. 그 에너지와 공간을 일체감 있게 경험하도록 설계한 소극장 규모의 전시실, 어둠을 통과하는 진입로, 미디어아트 파노라마(삶의 순환과 우주의 확장을 표현), 미세하게 기울어진 전시장의 벽과 바닥(낮은 지점에서 깊은 듯을 볼 수 있도록 한 공간감 : 1도 경사의 비밀), 반짝이는 천정(희망의 별빛을 상징), 메타버스 플랫폼에서 만나는 가상 박물관과 상세한 관람법 안내에 이르기까지, 세계를 이루는 다양한 대상과 끊임없이 상호 작용하고 실시간 소통하게끔 하려는 전시 기획 의도가 있었으며, 특히, MZ세대에게 유물의 접근 벽을 낮추고자 했다. 힘든 시기를 겪고 있는 MZ세대에게 동질감을 가지며, 그들에게 위로, 치유, 평안을 가져다 주려고 했다고 하니, 두루 헤아림이 반가사유상의 사려 깊음 같다. 필자 또한 리더로서 멈춤과 나아감을 거듭하며 자성과 자각에 이르는 과정을 경험해본다. 리더로서의 경험, 여정, 글을 쓰는 이 순간마저, 나도 어느새 반가사유상이 된 듯한 착각에 빠진다.(국립중앙박물관 자료 일부 발췌)

복잡성, 불황의 시대, 생존 비결에 비책이란 없다. 기본 전략은 바깥 외부에 의식을 확장하는 것, 안으로 움츠리거나 버티지 말고, 자신과 외부 관계를 살피고 바깥을 향해 생각하고 행동하는 것이다. 그리고 앎은 삶으로 순환되어야 한다. MZ세대가 더 잘한다!, 리더의 자성과 책무, 조직의 진정성 있는 변화 인식은 여기서부터 출발한다.

 우리 인간에게는 두 가지 능력, '사랑하는 능력과 질문하는 능력'이 있다고 한다 (메리 올리버<sup>Mary Oliver</sup>, 『휘파람 부는 사람』). 친애하는 MZ세대 후배와 문답하면 서 두 가지 능력을 발휘해 본다. 그리고 잔잔하고 은은한 반가사유상의 미소처 럼, 깊은 생각 끝에 도달하는 깨달음의 능력, 그 찰나를 느껴본다. 데자뷰<sup>Deja-vu</sup>, 기시감<sup>旣視感</sup>일까? 우리 안의 '이해, 이치, 통합, 그리고 희망'을 그려본다.

금동반가사유상
삼국시대 6, 7세기, 국보 제78호, 제83호

우리는 생각하는 대로 존재한다.
모든 것은 생각과 함께 시작된다.

(출처 : 국립중앙박물관 자료)

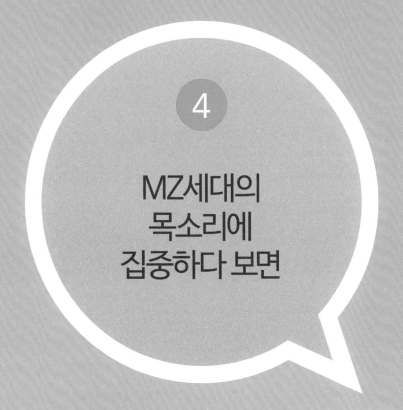

4

# MZ세대의
# 목소리에
# 집중하다 보면

**유연재**
이수그룹 과장

주식회사 이수 HR팀 과장, 연세대 교육학과 졸업하였으며, 기업에서
10년간 채용, 교육, 조직문화 등의 업무수행 중. 『월간 인사관리』 체험
형 인턴 소개 칼럼 기고 및 『HR insight』 인터뷰 진행.

# 4

## MZ세대의 목소리에
## 집중하다 보면

● MZ세대 몰입 위한 국내 사례

MZ세대와 함께 일하는 문화를 만들어가는 국내외 사례를 살펴보고자 한다.
국내에서는 업계 특성상 MZ세대의 비중이 큰 IT와 게임 업계에서 발빠르게
MZ세대를 위한 다양한 근무제의 변화와 복지제도를 시행해 왔다. 사람인에서
조사한 2030세대 직장선택 기준 TOP 5 다음과 같다.

출처: 사람인, 2030세대 직장선택 기준 top5, 2022

공정한 보상을 바라는 MZ세대의 특성을 반영하듯 1위는 단연코 연봉이지만, 연봉 다음으로 중시되고 있는 것은 단연코 워라밸Work and life balance이다. 퇴근 후 부업이나 재테크를 통해 연봉이 조금 낮더라도 저녁이 있는 삶을 추구하는 경우도 적지 않다. 워라밸을 추구하는 MZ세대를 유입하고, 유지하기 위해 기업들은 어떤 노력을 하고 있는지 살펴보았다. 연봉이 낮아서, 지원자가 줄어들고 있다고 생각하는 회사의 경우 다양한 사례를 통해 생각의 전환이 있기를 바란다.

## ● 근무제의 변화(주 4.5일제, 주 4일제)

'워라밸이 좋은 회사'로 꼽을 수 있는 첫 번째 기준은 근무 시간의 단축이다. SK그룹에서는 월 1회 "해피 프라이데이"제도를 시행 중이며, 이를 자기계발 등 자유롭게 사용할 수 있도록 했다. SK스퀘어와 SKT에서는 월 2회로 확대 적용하여, 주 40시간 근무가 가능하도록 시험 운영 중이며, 추후 다른 계열사로 확대할 계획 또한 갖추고 있다. MZ 직장인들 사이에서는 '놀토'에서 '놀금(노는 금요일)'이라는 명칭으로 리프레시하고 주어진 주 40시간 내에 집중적으로 일할 수 있다는 점을 긍정적으로 평가하고 있다. 교육업체인 에듀윌은 원하는 날짜를 직원이 선택해서 쉴 수 있게 하여 직장인들의 숙명적 질문인 수요일 휴무 vs. 금요일 휴무를 파격적으로 해결했다.

주 52시간이 법제화 되던 1년여간의 적응 기간 동안 어려움을 겪었던 제조업과 건설업에서도 이제는 안정적으로 적용하여 탄력적으로 적응해오고 있다. 경영 자들과 관리팀에서는 직원들의 일하는 시간이 줄더라도 집중력 있게 일할 것 이라는 믿음이 중요하다. 믿음뿐만이 아니라 업무 집중도와 효율성을 높일 수 있는 다양한 제도가 단단하게 뒷받침 되어야 함은 물론이다. 또한 직무 특성상 휴무를 쓸 수 없는 주 5회 근무 필수 인력을 어떻게 마음 관리 해줄 수 있는지도 중요하다.

## ● 근무 장소의 변화 (재택근무, 워케이션)

'워라밸이 좋은 회사'로 꼽을 수 있는 두 번째 기준은 근무 장소의 제약에서 벗어나는 것이다. MZ세대 비중이 큰 IT업계들을 필두로 완전 재택, 하이브리드 근무(출근과 재택 혼합) 등 새로운 근무방식을 택하고 있다.

라인플러스는 해외체류마저 허용했다. 이에 더해 휴양지에서 근무하는 '워케이션work+vacation'을 도입하는 등 MZ세대 특성에 맞춘, 유연한 업무환경이 트렌드로 자리잡았다. 스타트업 인덴트코퍼레이션은 제주에 독채를 구매하여 업무공간과 휴식을 위한 공간으로 제공한다.

이는 언제 어디에서든 '어떻게' 일하는지를 따져 업무의 효율성을 추구하고, 워라밸(일과 삶의 균형)을 중시하는 MZ세대의 특성이 반영된 것이다. 폐쇄형 직장인 커뮤니티인 BLIND 게시판에서조차 직장인들끼리도 휴양지에서 업무 집중이 되겠냐는 냉소와 신속한 대응과 협업을 위해서는 사무실 공간에 함께 있어야 하지 않느냐는 우려도 다소 있었다.

⟨회사별 근무 형태 현황⟩

| 구분 | 회사 | 형태(비율) | 비고 |
|---|---|---|---|
| 재택근무<br>상시화 | 라인플러스 | 원격근무제<br>(재택 40%) | 원하는 날, 원하는 곳으로 출근하는 원격 근무제, 해외 체류 허용 |
| | 크래프톤 | 자율 출근제 | 부서 별 상황과 팀장 재량에 따라 유동적 |
| | 카카오게임즈 | 자율 출근제 | 부서 별 상황과 팀장 재량에 따라 유동적 |
| | 무신사 | 주 2회 재택<br>+자율출근제 | 자율 출근제: 08시~23시 중 원하는 시간에 출근해 8시간<br>근무 후 퇴근 |
| | NHN클라우드 | 주 4회 재택 | 영구 주 4회 재택 |
| | 한화투자증권 | 주 3일 재택 | 재택근무 상시화 |
| 하이브리드<br>(재택+원격<br>+출근 혼합) | 현대카드 | 상시 재택<br>거점오피스 | 직무 그룹 별 근무 일수 지정, 지정 비율 내에서 자유롭게 선택,<br>최대 50% 재택까지 |
| | 네이버 | 커넥트워크 | 타입-R: 주 5일 재택 기반, 자율 좌석제<br>타입-O: 주 2일 이하 재택, 지정 좌석제<br>6개월에 한 번씩 두 가지 중 선택 가능 |
| | 롯데백화점 | 하이브리드 | 하이브리드 = 출근, 원격, 재택(재택 50%)<br>재택 비율은 낮출 수도 있지만 직원 반응이 긍정적이므로<br>유지할 방침 |
| | 신세계그룹 | 주 2회 또는 30% | 업종 별 하이브리드 근무제도 검토 중 |
| 재택비율<br>축소 | 지마켓 | 주 3회 재택 | 재택 100% → 주 3회로 하향 |
| | 위메프 | 주 2회 재택 | 재택 100% → 주 3회로 하향 |
| | 쿠팡 | 25% | 90% → 25%로 변경 |
| | 포스코 | 재택근무 폐지 | 포항 · 광양 지역 직원과의 형평성 고려해 전원 사무실 출근 |

COVID로 강제로 재택근무를 부분이든 전면이든 시행해야 했고, 재택근무가 가능하다는 실험은 성공했다. 필자의 회사에서도 코로나 극심하던 20년부터 재택근무를 시행했었는데, 재택근무를 허락하고 나서도 집에서 딴짓을 하지 않을지 불안했던 상사들께서 불특정 시간에 단체 영상 회의로 출석 체크를 하시기도 했었다. 예측과는 달리 금방 끝날 것 같았던 코로나는 2년 넘게 그 영향을 이어갔고, 재택으로 전환했음에도 불구하고 회사의 생산성은 크게 변화가 없거나, 코로나 특수를 맞은 계열사들은 되려 매출이 높아지기도 했다.

기업의 디지털 트렌스포메이션$^{DT}$을 도입 성공 시킨 건 CEO도 CTO도 아닌 COVID19라는 농담이던 시절이 있었다. 그 어떤 리더십도 명분도 아니고, 실제로 디지털화하지 않으면 생존할 수 없는 상황에 놓이게 되자 적응의 동물인 인간은 DT를 이뤄낸 것이다. 이는 기업에게도 다양한 기회를 주고 있는 것이다. 값비싼 역세권 오피스에 임대료를 내지 않아도, 좋은 협업툴과 허먼밀러 의자(판교에서 개발자들에게 편리한 재택근무를 위해서 제공했다고 유명한 미국의 브랜드의 사무용 의자)를 마련하는 것이 비용적으로도 저렴하며 MZ세대가 직업을 고르는 순위에서 복리후생은 3위를 기록할 정도로, 워라밸과 '회사가 본인을 위해서 무엇을 해줄 수 있는가'가 중요하다. MZ세대의 입장에서 그들의 필요에 꼭 맞춘 복지 제도를 마련하는 것이 신입사원을 리쿠르팅하고, 근속을 올리는 데 가장 중요한 전략일 수 있다. 연봉은 한 번 올려주면 낮출 수 없지만, 복지후생은 1회성으로 제공하고 언제든지 그 조건을 변경할 수 있다는 점에서도 유리하다.

## ● 다양한 가족형태에 맞춘 제도

MZ세대들의 주거 형태가 다양해지면서, 이에 따른 회사들의 복지제도 변화도 다양하게 이루어지고 있다. 기존 기혼자 중심/ 가족중심으로 이루어지던 복지 후생 정책들이 1인가구 중심, 혹은 결혼여부에 상관없이 '공정한' 복지후생 제도로 변경해가고 있다. 신한은행에서도 결혼기념일 축하금에 해당하는 금액을 미혼자에게는 복지포인트로 지급한다. 러쉬코리아에서는 비혼식을 축하해주고, 40세가 되면 비혼 축하금을 제공한다. 자녀 유치원 입학금, 등록금 대신 자식처럼 키우는 반려견, 반려묘를 위한 동물 유치원 비용을 지급한다. 결혼 시기도 늦어지고, 출산 또한 필수가 아닌 선택으로 딩크족을 선택하는 부부가 많은 MZ세대에게 자녀 대학 학자금 제공은 너무 머나먼 미래의 이야기인 것이다.

게임회사 펄어비스에서는 월 1회 집 안 청소 서비스를 제공한다. '사내 미혼 복지 공모전'을 열어 거기서 채택된 아이디어를 중심으로 1인 가구를 위한 복지제도를 고안했다고 한다. 결혼을 선택하지 않아서, 자녀가 없기 때문에 공정한 보상을 요구하는 MZ세대에 발맞춰 다수의 기업에서 다양한 가족 제도를 시도하고 있다. 1인 가족, 혹은 반려동물을 포함한 넓은 의미의 가족을 케어하는 복지제도들을 마련해야 한다는 숙제가 또 생긴 것이다.

● 사내문화

사내 문화를 얘기하다 보면 빠지지 않고 나오는 내용이 '회식'이다. 기업 설명회를 다니다 보면 빠지지 않고 물어보는 질문이 "회식이 많은 편인가요?"이다.

"회식 자제가 사내 복지" … 삼성 나서자 MZ직장인 "반색" 이라는 뉴스기사가 나왔을 때였다. 이 기사에 대해서는 잊지 못할 촌극이 있다.

어느 HR팀이 그러하듯, 필자의 회사에서는 아침이면 HR트렌드에 관련된 기사를 공유하는데, 팀장님께서는 솔직히 말하자면 '회식 자체'가 '사내 복지'로 읽었다는 것이다. 신입사원에게 MZ세대가 퇴사하지 않을 수 있는 리텐션 플랜을 생각해오라고 하자, 회식 금지를 제1안으로 가지고 왔다. 회식이 아무리 싫기로서니, 회식이 주는 순기능도 있는데 어떻게 회식을 금지하냐고 되물으며 회식을 1차로 제한하고, 참석에 선택권을 주는 걸로 가능하지 않을지를 되묻자, 회식은 필참이라는 생각을 가지고 계신 분들에게 회식을 가지 않았다는 이미지를 남기는 것도 싫고, 회식에서 나눌 비즈니스적인 얘기를 들을 기회를 놓치는 것도 싫기 때문에 회식 참석 여부를 물어보는 것은 MZ세대에게는 부담스럽기는 마찬가지라는 당찬 의견을 내놓았다. 회식도 업무의 일환이라면, 점심시간에 하거나, 업무 시간을 포함하여 4시쯤부터 하자는 의견이었다.

이 모든 게 MZ세대만을 위한 것이라고 할 수 있을까? 주6일제에서 격주 놀토를 지나, 주5일제가 자유로워지기까지 노동하는 인류는 줄곧 효율화를 추구해왔다고 생각해도 다름없다. 5G 통신의 발달, 스마트폰의 보급, 다양한 협업툴의 도입으로 MZ세대뿐만 아니라 우리 모두가 초연결의 시대에 살아가고 있다. 90대이신 할머니도 ZOOM 링크로 종교활동을 하시고, 해외에 있는 손자와 영상통화가 가능한 그러한 시대에 살고 있다.

MZ세대의 목소리는 어쩌면 우리 모두의 목소리일 수도 있겠다는 생각을 해본다. MZ세대가 아니라고 할지라도 위에 언급한 주 4일제를 반기지 않을 세대가 있을까? 저녁이 있는 삶도? 그저 이전 세대는 대의로 생각해온 회사의 무궁한 발전, 팀워크 등을 위해 양보해 온 것들이 아니던가?

MZ세대는 무조건 적게 일하고 놀고 싶어 하는 성향의 무책임한 세대라는 얘기를 하고 싶은 것이 아니다. 누구보다도 커리어적인 성장이 중요한 세대이기에 명분만 분명하다면 야근도 불사하는 게 그들이다. 다만 케케묵은 악습인 눈치 야근이나, 2, 3차로 이어지는 회식을 지양하는 데서 부터 시작해보자는 것이다. 그들을 맞이하기 위한 첫 단추는 삐까번쩍한 새로운 제도를 선포하는 것이 아니라 쓸데없는 것들을 지워나가는 것에 있다고 생각한다.

'MZ세대는 싹수가 노랗다', '우리는 안 해본 줄 아냐'의 논리를 내세우는 구성원이 많은 회사일수록, 소위 '라떼는'을 말하는 구성원이 많을수록 MZ세대의 선택을 받지 못할 것이다. '우리 회사를 올 사람이 너뿐인 줄 알아' 라는 그릇된 로열티와 자부심은 대퇴사의 시대에 진입한 지금은 우려스러울 정도로 위험한 생각이다.

잡플래닛, 블라인드를 통해 회사의 평판이 신랄하게 외부에 공개되고 있으며, 경력 이직이 아니더라도 신입 사원의 경우에도 어떻게든 재직자 선배, 동료를 찾아내 직장인 폐쇄형 평판 조회 사이트들을 통해 그 회사의 평판을 읽고 지원하고 있다. 채용 전환형 인턴십을 진행하고 있을 무렵, 인턴 직원이 회사 도메인으로 된 회사 메일을 만들어주냐고 물어보기에, 대학생의 순수한 마음에 명함이 가지고 싶은 건가 싶어서 회사 이메일이 왜 필요한지 되물었을 때, 블라인드(폐쇄형 익명 커뮤니티로 소속사 이메일을 통해서만 회원가입이 가능)에 가입해서 회사평을 보고 싶다고 말하는 게 당차도록 솔직한 MZ세대이다. 정보가 투명하게 공개되는 작금의 시대에 기업의 성장 동력인 좋은 인재를 뽑고, 육성하고, 유지하는 방법은 기업이 좋은 기업이 되어 선택받는 수밖에 없다. 기업 자체도, 특히나 기업의 제도와 문화를 만드는 인사팀 소속일수록 뼈를 깎는 각고의 노력이 필요한 순간이다.

# CHAPTER
# 4

성공적인
조직문화를 위한
솔루션 Tips!

MZ세대를
경험한 17人

# MZ세대와
# 기성세대의 일하는
# 방식 조율

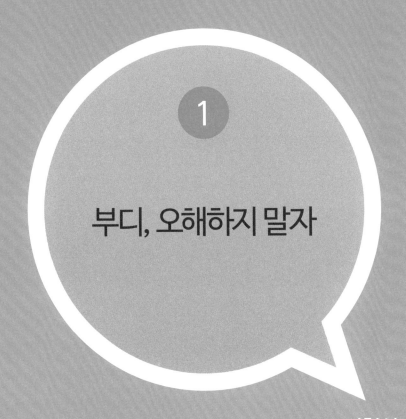

# 부디, 오해하지 말자

**서형석**
에어프레미아 팀장

대한항공 수석사무장을 거쳐 에어프레미아 객실팀장으로 근무 중이
다. 중앙대학교 글로벌인적자원개발대학원 HRD 전공과 항공대학교
경영학 박사과정을 수료했다. 현재 인적자원개발과 조직문화에 관심이
많다.

# 1

## 부디, 오해하지 말자

모시던 임원 중의 한 분은 월화수목금금금 일했다. 그래도 주말 중 반나절은 회사에 나오지 않고 휴식을 취했는데, 일요일 오전 교회에 가는 4시간이었다. 이 외에는 매일 저녁 9시까지는 자리를 지켰다. 다행히도 부하직원들에게 같이 야근하자고 하는 법은 없었고, 주말 출근을 강요하는 법도 없었다. 늘 온화한 표정에 부드러운 음성의 멋쟁이였고, 모든 사람에 대해 매너와 태도가 신사적이었다. 하지만 그분이 사는 모습을 보고, 당시 과장이었던 나는 임원의 길이 저런 희생을 요구하는 것이라면, 사양하겠다는 생각도 했다.

괴테는 매일 일정한 시간에 산책을 하며, 사색을 하고 영감을 찾았다고 한다. 이 때문에 동네 주민들은 그가 오는 시간에 맞춰 시계를 맞출 정도였다고 한다. 요즘 사무실에서는 '먼저 퇴근하겠습니다'고 인사하는 직원들이 시간을 알려온다. 퇴근시간이 조금 지난 후 사무실을 보면, 남아있는 사람이 거의 없다. 업무

시간 종료 후 강제 소등을 하거나 피시를 셧다운하는 회사도 있다고 들었지만, 다섯 시만 되면 'MZ세대는 업무를 대하는 태도가 다르네' 하는 생각이 든다. 한 직장 안에 58년~63년의 베이비부머, 86세대, X세대, M세대, Z세대 등 5세대가 공존하는게 우리네 직장의 풍경이다.

이전 세대는 조직에 소속감을 갖고, 소명 의식을 갖고 직업을 대했다. 그들이 일 속에서 전문성을 키워가며 전문가로 성장하는 것이 "인생의 완성"인 것처럼 회사생활에 몰입했다. MZ세대는 일과 삶의 균형에 더 가치를 부여하고 여가 활동을 포함한 직장 외의 의미 있는 삶을 더 중시한다고 한다. 여기에는 개인 시간을 갖는 것, 학원 등을 다니며 자기 계발을 하는 것 등 다양한 모습이 포함된다.

업무를 생활의 중심에 두고 개인과 더 나아가 가족의 희생까지도 당연시했던 관리자들은 이제 일과 경력에 대한 태도가 다른 MZ세대와 일하고 있다. 조직 보다는 개인이 앞서고, 일이 자신의 삶에서 덜 중요하다고 생각하고, 이전 세대보다 더 많은 일과 삶의 균형을 원하는 직원에게 어떻게 유대감을 갖고 소통해야 할 것인가를 고민하게 된다. 그런데, 이렇게 진솔한 이야기와 끈끈한 유대를 갖고 싶은 관리자가 다가가기에 MZ세대는 조직으로부터 한걸음 떨어져 있고, 소통의 방식도 예전과는 많이 달라져 있음을 느낀다.

코로나 기간 중에 승무원들은 돌아가며 휴직과 휴업을 실시했다. 공항이 문을 닫고, 국제선 운항이 거의 없어진 상황에서 어쩔 수 없는 생존을 위한 선택이었다. 다행히 엔데믹의 시대로 전환하고 있고, 22년 하반기부터는 어려운 시기를 버텨온 승무원들에게 전원 근무 복귀하도록 했다. 반가운 얼굴들과 7월 말 8월

초 항공 여행 성수기를 준비하는 동안, 뜻밖에도 많은 수의 승무원이 조직을 떠나겠다고 통보해왔다. 승무원 채용 경쟁률은 대개 100대 1이 넘는다. 입사하고도 승무원으로 근무하기 위해서는 상당 기간 안전과 서비스 훈련을 받아야 근무가 가능하다. 채용에서 배치까지 적어도 6개월은 걸려야 대체 인원을 양성할 수 있다. 힘들게 입사한 직원에게도, 오랜 기간과 비용을 들여 양성한 항공사에도 승무원의 사직은 반가운 일이 아니다.

퇴직자 면담을 해 보니 제일 많은 이직 사유는 개인적인 목표 달성이다. 항공업계가 회복 조짐을 보이고 있기는 하지만, 아직 코로나 이전의 30% 수준에 불과하다. 완전 회복에는 몇 년 더 걸릴 것으로 예상하고 있다. 아직 체력을 회복하지 못한 업계에서 미래를 기다리기보다는, 현재의 목표에 집중한 것이다.

개인이 원하는 목표를 조직 내에서 이루기 위해 참고 기다리던 이전 세대와 달리, MZ세대는 기다리지 않는다. MZ세대 25,000명을 대상으로 한 설문조사에서 70%가 2년 이내에 승진해야 할 것으로 예상했다고 한다. MZ세대는 보상을 받을 때까지 참고 기다리고, 자기 순번을 기다리기보다는 리더의 인정과 빠른 진급을 더 중요하게 생각한다. MZ세대는 이러한 기대에 부응하기 위해 조직을 떠날 의향이 있다. 그리고 조직에서 답을 구하기 힘들다면 직접 목표를 이루려 한다.

높은 수준의 업무 집중과 고품질의 상호 신뢰 관계를 통해 탁월한 성과를 달성하는데 익숙한 관리자는 MZ세대가 개인주의적인 성향을 보이고 상사보다 일과 삶의 균형 유지를 더 중요하게 생각한다는 사실에 실망할 수 있다. 높은 품질의 신뢰 관계를 고민하는 관리자들은 MZ세대와 세대 간극을 느끼면서 소통의 방법을 찾으려 한다. 혹시 회식이나 면담 같은 전통적인 방식이 제일 먼저 생각난다면 잠깐, 조금 더 생각해보는 것이 좋겠다.

MZ세대는 소통 방식에 있어 기존 세대와 다른 방식을 선호하기 때문에 높은 수준의 신뢰 관계 구축을 원하는 관리자가 전통적인 방식으로 접근한다면 회사 조직과 관리자와 공식적인 관계 형성에 머물고자 하는 MZ세대 사이에 오해가 생길 수도 있다.

벌써 여러 해 전 이전 직장에서 겪은 일이지만, 처음 사내 이메일에서 이모티콘을 보았을 때의 이질감을 느꼈던 경험이 있다. 그 회사는 50년이 넘는 업력을 가진 민간기업이었지만 보수적인 분위기였다. 이메일 보고는 비교적 자유로웠지만 서로 간에 지켜지는 비공식적이고 암묵적인 룰이 있었는데, 그중에 하나가 이모티콘이었던 것이다. 사실 이모티콘을 보고 이질감을 느끼기 이전에는 이메일 형식에 대한 터부가 있었는지조차 인식하지 못하고 있었다.

지금 근무하고 있는 회사는 항공업의 신생기업이다. 항공스타트업으로 스스로를 부르고 있는데, 이전에 없었던 새로운 항공운송 모델로 투자를 유치해 사업을 시작했다는 점에서 다른 산업군의 스타트업과 비슷한 점이 많다. 신생기업이다 보니 여러 다른 회사 출신의 경력자들로 초기멤버를 구성하게 되었다. 이들 사이에는 항공종사자라는 공통점이 있었지만, 업을 바라보는 시각과 경험에는 차이가 컸다. 이들은 자신이 먼저 근무한 항공사에서 특유의 문화도 같이 가져왔다. 상사를 대하는 태도가 개인별로 달랐고, 시장과 고객에 대한 프레임도

달랐다. 대형항공사 출신이 경험한 조직문화와 시장을 보는 시각은 저비용항공사 출신이 경험한 조직문화는 많은 차이가 있음을 알게 되었다.

이처럼 서로 다른 문화와 가치관을 이 몸에 밴 사람들이 서로 다른 행동양식과 언어, 무의식적 기대를 가지고 일하게 되었다. 초기 구성원들은 문화 충돌에서 초래되는 갈등과 비효율을 극복하고 새로운 대안적 문화를 만들기 위해 프로젝트를 진행했고, 열띤 토론을 통해 서로 어떻게 일할 것인가를 명문화해 '프레미안 웨이'라는 10개의 행동 지침을 만들었다. 모두가 서로의 성장에 기여하며, 투명하게 일하고, 자유롭고 수평적이지만 서로를 존중하는 행동양식 선언이었다. '더우면 반바지를 입는다.' 실제로 사무실에서 반바지가 낯설지 않다.

새로운 행동강령은 업무 분위기에도 새로운 풍토를 가져왔다. 요즘은 이메일에서 이모티콘을 보고도 전혀 놀라지 않는다. 사내 소통에서도 정도의 차이가 있지만 나도 개인적인 소통에서는 종종 사용하는 편이다. 표현이 자유로운 것은 사내 메신저 쪽이 훨씬 더하다. 각종 약어와 이모티콘이 메신저에서는 훨씬 많이 사용된다.

회의나 대면보고에 비해 이메일, 메신저, 협업 게시판 등 전자적인 소통은 짧고 비공식적인 느낌을 준다. 내용은 명확하지만 배경 설명이 없고, 목소리의 톤과 표정의 비문자적 메시지가 가려지니 행간의 의미를 제대로 읽으려면 조금 더 노력해야 한다.

이전 세대 관리자인 나는 MZ세대 부서원의 짧고 용건만 간단한 문자를 접하면

종종 이전의 '찐득한' 커뮤니케이션이 생각난다. 모 부서장은 꼭 3차에 가서 속내를 시원하게 드러내는 바람에 새벽까지 장소를 옮겨가며 같이 술을 마셔줘야 했다. 요즘은? 저녁에 약속 잡는 것은 아주 드문 일이다. 이마저도 오래전에 공식적인 공지와 시간 조율이 필수적이다.

MZ세대는 온라인 소통, 모바일 커뮤니케이션에 전혀 불편함이 없는 것 같다. 이러한 전자적 소통은 메시지 전달에는 잠재적으로 효과적이지만 대개 짧고 비공식적인 커뮤니케이션이다. 소통의 효율성이 올라간 것은 틀림없지만 속내를 드러내고 정서적인 유대를 쌓을 기회가 준 것은 사실이다. 이러한 짧은 온라인 소통은 고품질 관계의 기회를 줄이고, 상호 신뢰의 구축 기회를 줄인다.

조직 몰입도와 근속기간 사이에는 상관관계가 있다고 한다. 조직의 관리자급으로 리더 역할을 하고 있는 사람들은 MZ세대 이전의 세대인 경우가 많다. 이들은 조직에 몰입하고 조직 동일시 성향을 보인다. 업무 중심, 조직 우선의 가치관을 가지고 있고, 리더와 구성원의 소통에 대해서도 전통적인 방식에 익숙해져 있다. 공식적이고 전통적인 방식의 소통에 익숙한 이들 관리자에게, MZ세대의 커뮤니케이션 방식은 낯설고, 가볍고 캐주얼 해 보이고, 심지어 무례한 것으로 인식될 수도 있다. 하지만 MZ세대는 인터넷과 함께 성장했다. 그들에게는 카카오톡이 유효한 소통 수단이고, 짧고 캐주얼한 문자가 충분히 진솔하고 진중하고 명쾌한 의사소통인 것이다.

밀레니얼세대도 점차 관리자 그룹으로 편입하여 조직을 맡게 되는 일이 늘어나고 있다. 조직 내 세대 차이 현상도 자연히 개선될 것으로 기대할 수 있다. 하지만, 그 시기가 오기까지, 다양한 세대와 문화가 공존하는 현 직장 내 풍토에서 성과를 내기 위해 어떤 방식으로 일하고 소통할지에 대해 서로 존중과 소통의 노력이 필요하다.

'실리콘 밸리의 팀장들Radical Candor'의 저자 킴 스콧은 MZ세대 구성원과 고품질의 관계 형성을 위한 대안으로써 일상적이고 솔직한 피드백과 코칭을 제시하고 있다. 완전히 솔직한 대화에서 팀원의 개인적 관심 축을 따라 동기와 비전을 이해하고 발전하도록 돕는다면 열정적으로 일하는 인재와 조금이라도 더 길게 일할 수 있을 것이다. 그렇다 보니 이전 세대 관리자들에게 당부하고 싶다. 부디 MZ세대에 대해 오해 없기를 바란다. 내가 업무에 집중했던 방식과 소통하는 방식과 다르다고 해서, 열정이 없고 무례한 것이 아니다. 그들이 조직에 대해 애정이 없고, 몰입하지 않아서는 더욱 아니다. 다만, 업무에서 "왜"에 대해 공감할 수 있기를 원하고 있고, 조직의 미션과 목표에서 가치를 찾기를 원하고, 탑다운이 아닌 수평적인 소통을 디지털화된 커뮤니케이션의 형식으로 하고 있을 뿐이다.

# 꼰대 탈피로
# MZ세대와 어울리기

**가재산**
한국형인사조직연구회 회장

수필가, 칼럼니스트, 『월간 한국산문』으로 등단. 핸드폰책쓰기코칭협회 회장, 한국디지털 문인협회 부회장. 저서로는 『한국형 팀제』, 『10년 후 무엇을 먹고 살 것인가?』, 『일하는 방식의 혁명』, 『아름다운 뒤태』, 『왜 지금 한국인가』외 30여 종이 있다.

(2)

# 꼰대 탈피로 MZ세대와 어울리기

## ● 청바지 입은 꼰대

"복장 자율화를 하고 직급 호칭을 없앴지만 정작 아랫사람 의견은 듣지 않습니다. '청바지 입은 꼰대'들이 아직 많습니다." 대한상공회의소와 글로벌 컨설팅업체 맥킨지는 2018년 8월 '한국 기업의 기업문화와 조직건강도 2차 진단보고서'를 통해 '청바지 입은 꼰대 무늬만 혁신'이라는 결과를 내놓았다. 2016년 1차 진단 후 2년간의 개선 실태를 파악하기 위한 조사였지만 여전히 조직 내 비효율과 리더들의 소통 부족이 심각하다는 진단이다.

무엇보다 '기업문화 개선 효과를 체감하느냐'는 질문에 88%가량이 부정적인 대답을 내놓았다. 59.8%는 '일부 변화는 있으나 개선된 것으로 볼 수 없다'고 답했고 '이벤트성일 뿐 전혀 효과가 없다'는 응답은 28.0%에 달했다. '근본적인 개선이 됐다'는 응답은 12.2%에 그쳤다. 대기업 및 중견기업 직장인 2,000여 명

중 88%가량이 지난 2년 전에 비해 후진적 기업문화가 크게 개선되지 않았다고 답했다. 야근·회의·보고 등에서 비효율과 소통 부족이 여전하다는 의견이다. 조직 경쟁력을 측정한 '조직건강도 분석'에서도 국내 기업들이 글로벌 기업에 뒤처지는 것으로 나타났다.

'청바지 입은 꼰대'라는 제목으로 기사화되자 주변에서 이런저런 얘기가 많다. '이제 눈치 보여 청바지도 못 입겠다.'는 푸념부터 '나는 어울리지 않아 원래 안 입는다.'는 애교 섞인 하소연에 '젊은 꼰대가 더 하더라'는 불평까지 다양하다. 겉모습은 4차 산업혁명 시대를 지향하지만 속은 여전히 산업화 시대 기업문화에 길들여진 우리 모두를 꼬집은 표현들이다.

요즘세대들이 쓰는 용어들만 보더라도 기성세대들이 전혀 알아듣지 못할 외계인 용어 수준이다. 오죽하면 용어사전이라 할 수 있는 '요즘 것들 사전'이 나왔고, '요즘 것들 신문'이 발간되고 있을까. 상황이 이렇다 보니 여전히 '도대체 사고방식이 달라서 그들과 일할 수 없다!'라고 하며 조직 내부의 잡음이 들리고 부하직원을 한탄하는 관리자들이 많다. 자신이 살아온 잣대와 눈으로만 보면 상대방의 젊은 직원들의 잘못된 부분만 눈에 띄고 거슬릴 확률이 높다.

조직 내에서 꼰대들은 공통된 3가지 특징(3NL)이 있다고 한다. 일단 듣지 않는다(no listening). 그리고 공부하지 않는다(no learning). 여기에 더하여 기존의 것들을 내려놓지 않는다(no leaving). 그래서 옛날 과거 얘기나 하는 '라떼는 말이야!'라는 유행어가 등장할 정도다. 이제 MZ세대와 소통하지 못하고 같이 호흡하지 못하면 새로운 사업 기회도 잡을 수 없고, 변화무쌍한 환경에서 조직의 생존도 장담할 수 없다.

'꼰대'의 반대말은 '꼰대였다'라고 한다. 꼰대가 지나친 자기 확신에 기반한 기질이라면 변화에 유연해지는 것으로 꼰대를 벗어날 수 있다는 의미일 것이다. 변화는 이미 시작됐다. 이젠 과거의 성공 방정식과 결별할 때다. 하루빨리 회의나 소통 같은 조직 운영방식부터 일하는 방식, 인재교육, 조직문화나 리더십까지 새로운 환경에 맞춰 재정비해야 한다. '청바지'만 입을 게 아니라 '청바지'가 잘 어울리는 조직으로 거듭나지 않으면 안 된다.

## ● MZ세대 그들은 과연 누구인가

"요즘 아이들은 버릇이 없다. 부모에게 대들고 음식을 게걸스럽게 먹고 스승에게도 대든다." 꼰대들이 입버릇처럼 말하고 또 말했을 법한 이 말은 기원전 425년 무렵 소크라테스가 한 말이다. '요즘 젊은것들은 버릇이 없다'라는 식의 이야기는 이보다 약 1,300년 앞선 기원전 1,700년경 수메르 점토판에서도 '제발 철 좀 들어라'라는 말이 기록돼 있다고 알려져 있다.

MZ세대는 밀레니얼세대와 Z세대를 통틀어 지칭하는 대한민국의 신조어이다. 일반적으로 1965년에서 1980년 사이에 출생한 사람들을 X세대라고 부르며 다음은 Y세대 혹은 밀레니얼세대라고도 하는데 1981년생부터 1996년 사이에 출생한 사람들을 말한다. 이들은 급격한 정보통신 기술이 발달함에 따라 첫 디지털 세대인 것이 특징이다. 다음은 X세대를 부모로 둔 Z세대다. 이들은 1997년 이후 출생한 사람들을 일컫는데 태어날 때부터 인터넷은 물론 디지털 기기와 함께 자라 '디지털 네이티브Digital Native'로 불려진다.

최근 새로 등장하고 있는 알파(α)세대는 2008년 호주의 리서치회사에서 처음 사용하기 시작한 용어로 2010년 이후 출생한 사람들을 이야기한다. 디지털 시대만을 경험하고 디지털이 없는 시대는 알지 못하는 최초의 무리들이다. 따라서 기존과는 완전히 다른 로마 알파벳이 아닌 그리스 알파벳의 첫 글자 알파를 붙였다고 한다.

한국비즈니스협회

# 출생 연도별 세대

| 〈 MZ세대 〉 | | | |
|---|---|---|---|
| **X세대** | **Y세대** | **Z세대** | **알파세대** ✓ |
| 베이비 붐 세대 직후 생겼으나 이전 세대의 문화와 가치관을 거부하는 성향이 강합니다. | 밀레니얼 세대 라고도 합니다. 급격한 정보통신 기술의 발달로 첫 디지털 시대입니다. | 태어날 때부터 디지털 기기와 함께 자라 익숙하며 디지털 네이티브 라고도 합니다. | 21세기 출생자로만 구성되어 있으며 디지털과 가까웠으면 아날로그에 대한 경험이 없습니다. |
| 1965 | 1980 | 1996 | 2010 |

MZ세대는 통계상 우리 인구의 34%를 점하고 있다고 하지만 기업에서는 이미 회사 구성원의 절반가량을 차지하고 앞으로 점차 많이 늘어나게 될 것이다. MZ 세대는 스마트폰 없이는 살 수 없는 Phono Sapiens시대를 주도하고 있으며 메타버스 세계를 일상생활에서 자유롭게 즐기며 산다. 이들의 사고나 행동 패턴이 기존세대와 완전히 다르다.

첫째, 자기중심의 행복과 성공의 기준이 나에게 있다는 점이다. 2013년 〈타임〉은 밀레니얼세대를 '나나나 세대Me Me Me Generation'로 정의했다. 기성세대와 달리 행복의 기준, 성공의 기준을 '나' 중심으로 두는 것은 물론이고 그 기준도 개개인에 따라 다르다. '가성비'란 말이 있듯이 '나성비'를 중요시한다.

둘째, 개인주의 성향이 강하며 집단의식이 약하다는 특징이 있다. 이들은 불필요한 야근, 과도한 회식에 대해 개인 사생활이 침해당한다고 여긴다. 본인이 원할 때 눈치 보지 않고 퇴근하며 쓸 수 있는 휴가 등을 원한다. 그들은 일<sup>Work</sup>과 노는 것<sup>Play</sup>을 동일시하면서 '일과 삶을 적절하게 섞는다<sup>Work-life blending</sup>'는 워라블을 즐긴다. 워라밸과 워라블 모두 조화로운 삶을 추구한다는 공통점이 있지만 워라밸이 일과 퇴근 후의 일상을 분리하는 데 초점을 둔 반면 워라블은 개인이 원하는 커리어를 이루기 위해 삶과 일의 경계를 없앤다는 점에서 차이가 있다.

셋째, 기존 세대보다 일의 가치나 의미를 중요하게 생각한다. 이들은 하는 일의 가치나 의미가 없고 마음이 들지 않으면 사직서도 내지 않고 핸드폰을 꺼버리면 퇴직이다. 반면 일의 의미나 가치를 인식하고 흥미를 느끼고 공감하면 야근은 물론 주말 시간도 반납할 만큼 몰입하고 헌신하는 모습을 보이기도 한다.

넷째, 쌍방의 수평적이고 자유로운 커뮤니케이션에 익숙해져 일방적인 상사의 지시에 익숙하지 않다. 이들 세대는 즉각적인 관심과 반응을 수용하는 메커니즘에 익숙해져 있으며 수평적인 커뮤니케이션을 기대하고 있다. 예를 들어 일 년에 한 번으로 정례화된 회사의 평가제도나 몇 단계를 거치는 의사결정 과정, 일의 결과에 대한 수시 피드백이 없다는 사실을 이해하지 못한다.

4차산업의 시대는 창의와 상상력이 더욱 중요하며 이들의 참신한 창의력과 아이디어가 중요한 시대에 살고 있다. 이들이 밤을 새워 개발한 아이디어를 5, 60대 경영진들이 자신들의 경험과 잣대만으로 평가하고 그들이 낸 아이디어를 잘라버린다면 에어비앤비나 우버는 나올 수가 없다. 그래서 최근 계속되는 오너나 경영진들의 소위 갑질 문화에 대한 이슈가 지금 심각한 반향을 불러일으키는 이유이기도 하다.

대부분의 조직에서는 해방 전 태어난 전통 세대부터 베이붐 세대는 물론 X세대를 포함하여 다양한 의식을 가진 4~5세대가 함께 모여 일한다. 그러다 보니 고도 성장기를 힘겹게 살아온 경영자나 관리자들이 내가 살아온 잣대와 눈으로 보면, 상대방이 잘못된 것으로 보일 수밖에 없다. 그러나 나를 내려놓고 그들 입장에서 보면 '틀린 게 아니라 다르다'는 사실을 알게 된다. 요즘 경영자들에게 세상을 바꾸기 위해서는 나를 먼저 바꾸는 지혜가 필요하다. 세상은 변화하는데 나를 바꾸지 못하면 그 리더는 괴물이 될 수도 있기 때문이다.

## ● 리더십의 지향점은 자발적 몰입

애사심이나 충성심은 세상 변화에 따라 의미나 방법이 달라진다. 즉 내가 하고 있는 일이 의미가 있어야 하고, 재미를 느껴 일에 몰입함으로써 성과를 내어 회사 발전에 기여하면서 동시에 자기도 성장하는 일, 동반성장이 중요한 이슈가 되었다. 일에 대한 몰입을 통해서 고객에게 헌신하는 것이 더욱 중요한 애사심이요, 충성심이 된 것이다. 그렇다면 '진화된 애사심과 충성심'이라고 할 수 있는 일에 대한 자발적 몰입이란 무엇이며 어떤 의미를 가질까?

세계적인 여론조사기관 갤럽에서 직장인의 몰입도 조사를 시행한 적 있다. 전 세계 기업을 대상으로 한 이 조사에 따르면, 미국 기업은 평균 30%의 직원이 업무에 몰입하는 반면, 한국 기업은 평균 11%만이 몰입하고 있었다. 이는 10명의 직원이 있으면 미국에서는 그중 3명이, 한국에서는 단 1명만이 일에서 의미와 보람을 찾고 있다는 뜻이다.

〈업무에 몰입하는 직원 비율〉

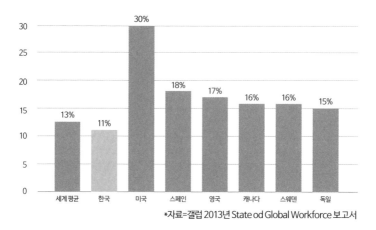

*자료=갤럽 2013년 State od Global Workforce 보고서

몰입도는 만족도와 다르다. 직원 만족도는 중요한 지표이긴 하지만, 반드시 생산성이나 성과와 직결되지는 않는다. 만족도는 회사가 나에게 어떻게 해주느냐에 대한 수동적인 반응이다.

이에 몰입도는 일에서 주인의식을 느끼는 것으로 자기 일에 감정적인 애착이 있고, 차별적인 노력을 더 기울인다. 이런 몰입도는 일에 대한 기대치가 분명한 상태에서 동료와 밀접한 관계를 맺고 성장과 발전을 경험할 때 나온다. 갤럽이 지난 20년간 팀 몰입도와 성과의 관계에 대해 73개국의 180만 명 직원 8만 2천 개의 팀을 메타 분석한 결과 몰입도가 높은 팀은 매출과 생산성, 수익성이 높고 이직률과 결근율, 안전사고, 품질결합이 낮았다. 그렇다면 어떻게 직원의 몰입도를 높일 수 있을까?

갤럽이 50년간 글로벌 조사를 거듭해온 결론으로 직원의 몰입도를 결정하는 요인의 70%는 관리자에게 달려있다는 분석이다. 예를 들어 관리자와 함께 목표를 설정한 직원은 그렇지 않은 직원에 비해 몰입도가 4배 더 높은데 본인 목표에 대해 관리자와 대화를 한다는 직원은 30%에 지나지 않았다.

몰입 이론을 주장한 미하이 칙센트미하이는 어렸을 적부터 '왜 거리에서 구걸하면서도 웃으며 인사를 건네는 사람이 있고, 부와 권력을 모두 가졌지만 종일 불안해하고 짜증만 내는 사람이 있는가?'라는 의문을 품었다. 이후 그는 심리학자가 되어 이 주제에 대해 평생 연구하는데, 그 결과 환경이나 조건과는 별개로 행복한 사람들은 일상적으로 무엇인가에 '몰입'을 한다는 사실을 발견한다. 여기서 문제의 핵심은 '자발적 몰입 상태'다. 누가 집중하라고 시킨 것도 아니고, 집중하지 않으면 불이익을 주겠다고 강요한 것도 아니다. 본인이 하고 싶어서, 진심으로 내킬 때만 자연스럽게 몰입의 상태에 빠질 수 있다. 칙센트미하이가 몰입했을 때의 느낌을 '물 흐르는 것처럼 편안한 느낌', '하늘을 날아가는 자유로운 느낌'이라고 표현한 것도 같은 맥락이라 할 수 있다.

결국 성공적인 삶이나 행복을 누리는 사람과 그렇지 못한 사람의 차이는 월요일 출근할 때 설렘의 차이에서 오게 된다. 이 차이가 일을 마주할 때 주인 정신과 머슴의 차이다. 일이 자발적인 마음에서 행하지 않고 상사의 지시에 중압감이나 억지로 해낸다면 그 일은 스트레스로 다가온다. 스트레스나 중압감 속에서 창의적 활동은 거의 어렵기 때문에 지시한 대로 수행할 수밖에 없다. 큰 가치나 의미 있는 일들은 도전과 어느 정도의 희생을 요구하기 때문에 그 일을 마치게 되면 희열을 느끼게 된다. 반면 가치 없는 일상적인 일들은 아무리 해봐도 삽질에 불과하고 가슴을 설레게 하지 못한다.

재미있고 의미 있는 목표는 조직에는 성과를 가져다주며 개개인에게는 자아실현이라는 큰 선물을 안겨준다. 실제로 죽음을 무릅쓰고 알프스나 히말라야 정상을 정복한 등산가들을 보면 그들은 추위에 얼어 죽을 뻔하기도 한다. 고산

병에 시달려 거의 실신 상태가 되는 등 힘들고 스트레스를 상당하게 받지만 그럼에도 등산가들은 어떠한 추위와 어려움이 있어도 바람이 휘몰아치는 암벽을 오른다. 등산가의 희열에 고난은 비길 바가 되지 못하기 때문에 도전을 멈추지 않는다. 이처럼 몰입은 놀라운 힘을 발휘한다. 이게 바로 마음도 같이 출근하는 직원의 바람직한 모습이다.

● MZ세대들이 성과를 내는 비결

우리에게는 2002년 대한민국을 열광의 도가니로 몰아넣었던 월드컵의 경험이 있다. 박항서 감독은 히딩크 시절 체득한 전문적 기술과 선수를 다루는 경험만이 아니라 전체를 하나로 묶는 박항서 매직을 베트남에서 확실하게 보여주고 있다. 그는 분명 한국인의 특성과 강점을 듬뿍 지닌 한국과 한국인을 대표하는 아바타 역할을 톡톡히 해주고 있다.

한국과 베트남은 끈질긴 저항의 역사에서부터 문화, 종교, 국민 정서는 물론 경제발전 과정까지 놀랍도록 유사하고 동질성을 가지고 있다. 박항서 감독은 한국인 특유의 정(情)과 '우리는 하나'라는 가족처럼 아끼고 보살펴주는 온정의 파파 리더십을 통해 선수들 전체를 하나로 묶는 동시에 그라운드에서는 신바람이 나도록 열정을 쏟아내고 있다.

그렇다면, BTS가 빌보드 차트를 1위를 다시 거머쥐면서 빌보드 대상을 계속 석권하며 비틀즈 이후 최고의 가수로 폭발적 인기를 누리는 근본적 이유는 무엇일까? 전문가들은 성공의 이유를 탄탄한 콘텐츠, 현란한 춤 솜씨, 팬클럽인 아미Army 와의 공감력 등 다양하게 제시한다. 그러나 그들의 성공은 '한국다움'이고,

한국인의 특성인 '한과 '신명'이 핵심이라고 생각한다. 그들이 2019년 5월 월드투어 뉴욕공연에서 보여준 마지막 곡 아리랑으로 6만 관중을 하나로 만들며 신바람의 도가니로 몰아넣은 장면을 보면 금방 알 수 있다. 분명 아리랑은 우리 민족의 한을 품은 한국을 대표하는 전통가요다. 그러나 아리랑을 '한'에만 빠져들지 않고 곡의 템포와 신나는 춤으로 반전시키며 흥과 신바람으로 승화시켜 관중과 하나가 되면서 열광의 도가니로 몰아넣었다.

처음 BTS가 힙합을 통해 음악을 풀어갈 때만 하더라도 여러 아이돌 그룹과 별반 다르지 않았다. 하지만, 다른 아이돌 그룹과는 달리, BTS는 자신들의 삶과 전 세계 젊은이들의 삶을 진정성 있게 접목시켜 자신들의 흙수저 '한'을 리듬과 춤이라는 '신명'으로 풀어낸다. 세계 같은 또래의 젊은이들의 고통에 동참하고, 목소리를 대변하면서도 꿈과 희망을 더 하여 '한과 신명'이 힙합 춤과 융합되어 전 세계를 매료시키고 있다. 이것이 BTS다. 이처럼 논리적으로 잘 해명되지 않지만 우리는 신명이 나야 일하는, 우리 특유의 감성적 정이 있다. 이러한 정은 국민성이요 DNA임에 틀림없지만 정이 잘못되면 한(恨)이 서릴 수도 있고, 신바람으로 나타나기도 하는 양면적 속성이 있다. KAIST 이민화 교수는 『한경영』에서 '한의 사이클'과 '신바람 사이클'로 정의하였다. 즉, 잘할 때는 오너도 사장도 포기한 회사를 사원들의 일치된 힘으로 다시 일으키기도 하지만, 못할 때는 잘나가던 멀쩡한 일류회사도 악성 노사분규와 저조한 생산성에 시달리게 되어 파국으로 치닫기도 한다.

한국인들은 기본적으로 흥이 많고, 뭔가 해내려는 성취욕이 강하다. 한국인은 흥과 신바람이 날 때는 물불 가리지 않고, 열정과 없던 에너지를 쏟아 목표를 달성하는 특징이 있다. 그래서 한국 사람들은 '신나게'만 만들어주면 성과를 낸다. 2002년 월드컵의 붉은 열기, 1998년 IMF가 터졌을 때 범국민운동이 되었던 금 모으기 운동, 최근 20세 이하 월드컵에서 청소년들이 일구어낸 준우승도 '주눅 들지 말고 즐겨라!'는 감독의 한마디가 보여준 결과다. 이처럼 한국인에게 중요 한 것은 논리적으로 이해시키는 일이다. 동참할 수 있도록 설득하고, 힘을 실어 주면 결국 해낸다. 경영의 핵심은 사람을 움직이게 하는 것이 우선이다. 사람이 빠진 경영은 있을 수 없다. 사람을 움직이게 하려면 사람의 마음을 이해해야 한 다. 한국인의 의식을 먼저 이해하는 일이 중요하다.

MZ세대도 마찬가지다. 공감하면 감동하고, 감동하면 뭉치고 행동한다. 밤을 새 워 일하라고 하지 않아도 밤을 새우고, 주말을 반납하면서 일한다. 소통이 먼저 다. 그렇지 않으면 '내가 책임질 테니 마음껏 해보라'고 하면 신명이 나서 앞장선 다. 지도자가 앞장서면 뒤에서 시키지 않아도 자발적으로 땀 흘려 일한다. 그래 서 손자병법에 장군과 병사가 한마음이면 반드시 승리한다는 상하동욕자승上下 同慾子勝이라했다. 이미 MZ세대가 주축이된 회사와 일터는 물론 사회전반에 흥과 신바람 에너지가 필요하다.

## ● 꼰대 리더들의 유쾌한 반란이 필요하다

세계적인 리더십의 권위자로 알려진 고든Gorden 박사는 효과적인 커뮤니케이션 방 식의 하나인 I-Message, You-Message로 유명한 사람이다. 그는 문제의 소 유자가 누구냐에 따라서 대화를 시작할 때 '너You'는'으로 시작할지 '나I'는'으로 시작할 것인지 결정하라고 말한다.

예를 들어 젊은 아빠가 모처럼 9시 뉴스를 보고 있는데 유치원 다니는 아이가 TV앞에서 축구공을 가지고 떠들며 신나게 놀고 있다 치자. 이때 아버지는 화를 참지 못하고 "너 임마! 조용히 하지 못해" 하고 소리를 지르는 순간 아이는 도리어 화를 내며 문을 쾅 닫고 제방에 들어가 버린다. 둘 다 화가 잔뜩 나 있다. 이때 문제의 소유자는 누구일까? 문제 소유자는 아들이 아니고 뉴스를 듣는데 불편해진 아버지다. 아들은 그저 축구가 즐겁기만 한데 아버지가 화를 냈기 때문에 You-Message를 쓰기보다 '나는 네가 ~불편하다.' 식으로 I-Message를 써서 아들을 설득하는 것이 문제의 해결방식이다.

조직 내에서 리더와 MZ세대와의 대화방식이나 리더십 발휘도 이와 다를 바 없다. 대부분의 경우 문제의 소유는 그들이 아니고 리더들인 경우가 많다. 특히 꼰대라면 더욱 그렇다. 위에서 예를 든 것처럼 MZ세대들과 함께 일하고 지시할 때 부닥치는 어려움이나 문제의 소유는 대부분 리더들이다. 그들을 바꾸려면 대화방식부터 바꾸어야 한다. I-Message가 아니라 You-Message라야 한다. 공감은 신뢰를 얻는 강력한 언어다. 우리는 어떨 때 상대방에게 공감을 하고 신뢰를 할까? '공감Empathy'은 공명共鳴하는 것이라고 말한다. 함께 하나가 된다는 마음으로 상처는 상처로, 아픔은 아픔으로, 나약함은 나약함으로 서로의 손을 맞잡는 것이다.

여기서 중요한 사실은 앞에서 보았듯이 MZ세대들은 놀랍게도 한국인의 강점을 최대한 발휘할 수 있는 세대들이다. 공감하지 않으면 잘 움직이지 않으며 편 가르기를 한다. 하지만 한마음이 되어 공감하면 벽을 넘어 무섭게 결집한다. 우리에게는 '나'가 아닌 '우리'가 마음 한 곁에 깊숙이 자리 잡고 있다. 내 엄마가 아니라 '우리 엄마'고, 내 학교가 아니라 '우리 학교'다. 그래서 한국인은 평소에는 모래알처럼 흩어져 있다가 위기나 큰 사건이 벌어졌을 때 공감이 되면 회오리바람처럼 중앙으로 결집하고 뭉치는 경향이 강하다. 경영자나 지도자가 공감대를 만들어 놓으면 이들은 무섭게 뭉친다.

고도 성장기에 발휘했던 '꼰대 리더십'은 큰 저항을 받기 쉽다. 조직 구성원들의 반 이상을 차지하는 MZ세대들은 나를 중심으로 생각하며 일방적 지시나 수직적 소통에 익숙하지 않다. 기존의 경영자나 관리자들이 자신이 살아온 경험과 눈으로 보면, 모든 게 낯설고 공감되지 않는 경우가 많다. 나를 내려놓고 그들 입장에서 보면 '틀린 게 아니라 다르다'는 사실을 알고 그들로부터 공감을 얻는다면 이들은 무서운 힘을 발휘한다.

특히 협업 문화를 조성하기 위해서 기본적으로 필요한 것이 각기 다른 일을 하는 직원들이 지속적으로 일을 하면서 실시간으로 서로 간에 수평적으로 의사소통함으로써 성과를 창출해 낸다. 그런 일을 주도적으로 처리해 주어야 하는 'MZ세대'는 쌍방의 수평적이고 자유로운 커뮤니케이션에 익숙해져 있다. 수평적 의사소통을 통해 결과물을 창출하려면 조직원 각자가 우선 '나' 중심에서 벗어나 서로 다르다는 것을 인정하고 상대방을 먼저 이해해야 한다는 원칙도 잊어서는 안 된다.

코로나로 인해 비대면 언택트 시대가 도래했지만 코로나가 물러간다고 하더라도 화상회의나 재택근무 같은 비대면 업무추세는 오히려 고착화되고 디지털 혁명의 거센 파고는 더욱 강화될지도 모를 일이다. 이러한 시대에 발현되어야 할 리더십으로 감성 리더십, 서번트 리더십, 진성 리더십, 그리고 코칭 리더십이라고 할 수 있다. 이런 리더십의 공통점은 무엇일까? 상대방의 마음을 먼저 읽어야 대화가 되고 소통이 이루어진다. 리더가 아무리 합리적이고 과학적으로 생각한다고 할지라도 상대의 마음을 얻지 못하면 결국 의사소통은 실패하고 만다.

MZ세대에 집중해야만 하는 이유는 분명하다. 실제로 기성세대와 달리 MZ세대만이 갖는 독특한 속성은 그동안 기성세대가 해내지 못했던 큰일들을 해내고 있기 때문이다. 삼성을 비롯 국내 글로벌 기업들이 기존 호칭도 버리고, 복잡한 임원 서열을 '경영 리더'로 통합하는 데는 분명한 이유가 있다.

이러한 변화는 하나만 바꾼다고 해서 해결되지 않는다. 이제 경영자와 간부를 비롯 기존 직원들은 MZ세대의 특성을 충분히 이해하고 수용할 수 있는 직무의 개발과 함께 그들에게 스마트 오피스 같은 근무환경을 함께 마련해주어야 한다. 게다가 MZ세대들은 공정에 민감하다. 이들이 공감하고 따를 수 있는 인사제도도 새롭게 구축해야 한다. 젊은 인재와 적극적으로 소통하고 자발적 몰입으로 함께 일할 수 있는 새로운 조직문화와 리더십을 발휘하는 꼰대들의 유쾌한 반란이 필요하다.

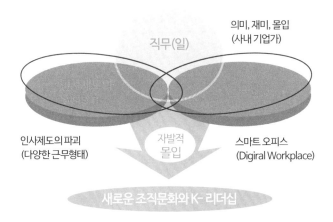

# 3

## MZ세대와의
## 브릿지 연결 방식

**최요섭**
전한 팀장

현재 식품외식기업 주식회사 전한에서 5년째 재직중이며 현재 경영지
원팀 팀장으로 근무 중이다. 외식기업 아웃백 스테이크하우스에서
첫 사회생활을 시작하였고 약 8년의 재직기간동안 매니저로서 외식업
전문역량을 취득하였다.

## ③

# MZ세대와의 브릿지 연결 방식

● 브릿지 세대*는 누구인가

*MZ세대의 스펙트럼 내에 있지만 등 떠밀리듯 MZ세대가 되어버린 억울한 끼인세대, MZ세대 규정의 시작인 80년 초반 출생부터 ~ 90년도 초반 출생 세대를 브릿지 세대로 정의하고 그들의 역할과 중요성을 정리해보고자 한다.

MZ세대라는 정의의 출현[3]은 2018년 말부터 본격적으로 기사화되며 매스컴에 출현하기 시작하였다. 2018년 취업 포털 사이트 사람인의 조사에 따라 신입사원의 평균연령을 약 28.5세(남성 29.2세, 여성 27.9세)로 가정할 때 2018년 말 기준 사회초년생의 출생 연도는 1991~1992년이며 이들을 실질적으로 MZ세대로 규정하는 데까지 약 1~2년 정도의 시간이 걸렸다고 가정하면 90년대

---

3) 트렌드 MZ 2019 밀레니얼-대학내일20대연구소 2018년 11월 22일 출간

초중반 이후 출생하고 사회에 진출한 이들이 우리가 주제로 삼은 "특별한" MZ 세대에 걸맞은 이들이라고 볼 수 있다. 2022년 기준 30대 초중반이 되어 회사 주축의 역할과 성장을 해나가고 있기 때문에 우리는 이들을 특별함으로 단정짓기는 곤란한 상황이다. 또한, 계속해서 좀 더 Z세대에 가까운 기성세대에게 더 특별한 신입사원들이 입사하고 있기 때문에 회사에서는 당장 MZ세대와의 융합에 초점을 맞추어야 한다.

기성세대와 Z세대, MZ세대의 스펙트럼 내에 있지만 그들의 특성으로 단정하기는 어려운 브릿지세대들은 사내에서 억울한 상황을 자주 마주한다. 기성세대에게 낯익지 않은 상황이 생기면 역시 MZ세대들은 다르다며 호도되기 십상이며, Z세대들에게는 조금만 아쉬운 이야기를 하면 젊은꼰대[4]로 불리게 되는 기가 막힌 상황을 마주한다. 브릿지 세대가 두 세대 사이에 껴서 고통받는 이유는 무엇일까? 바로 정의한 바와 같이 두 세대의 사이에서 가교 역할을 하고 양 세대의 속성을 다 가지며 세대 구성원으로서 모두를 잘 이해하고 있기 때문이다.

브릿지 세대는 2008년 글로벌 금융위기 이후 사회에 진출하면서 고용 감소, 일자리 질 저하 등의 어려움을 겪으며 2014년 말경 처음으로 열정페이[5]라는 말을 만들어 내기에 이르렀고, 부당함에 대해 토로하고 여론을 만들었지만 변화를 위해 투쟁하지 않아 현상을 마이너리티 리포트[Minority Report6] 정도의 이슈로 남기게 되어 해결되지 못한 현실과 함께하였다.

---

4) 2010년대 초부터 등장하였지만 2017년 초 기사화되며 의미가 규정되기 시작하였고 국립국어원 우리말 샘에 등재되며 본격적으로 널리 알려지게 되었음-국립국어원 우리말 샘 2017년 1월 등재
5) '열정페이'에 뿔이 단단히 난 청춘들 / YTN(2014. 11. 9)
6) 소수의견 / 영화 Minority Report 2002

이와 더불어 브릿지 세대는 아날로그와 디지털 문화가 혼재된 정보통신기술의 과도기 속에서 자란 세대이기 때문에 기성세대의 아날로그 감성과, Z세대의 디지털 감성을 모두 이해할 수 있는 세대이다. 이렇게 양 세대를 아우를 수 있는 세대이기 때문에 그 사이에서 조율을 할 수 있으며 이 가운데 합의점을 도출 할 수 있는 중요한 역할을 할 수 있다.

기성세대가 가진 부당함을 인지하고 있고, 점차 기성세대가 되어가며 회사의 입장 또한 이해할 수 있는 세대이기 때문에 이들을 이용하여 MZ세대와의 소통 문제를 해결하여야만 한다. 사실 브릿지 세대는 처음 출현한 집단이 아니다. 20년 전인 2000년대 초반에는 2030세대와 5060세대 사이에서 40대가 '낀세대'로서 브릿지 세대의 역할을 해왔다.[7] 세대 간 갈등이 완전히 없어지는 날이 오기까지 낀세대로 불리는 집단들은 계속해서 생겨 날 것이다.

### ● 브릿지세대의 역할의 중요성

위에서 정의한 바와 같이 브릿지 세대는 기성세대와 MZ세대간 가교 역할을 해야만 한다. 먼저 기성세대에게 할 수 있는 역할은 기성세대가 MZ세대의 요구에 맞추어 귀를 기울이고 행동으로 보여주게끔 제언을 하고 기성세대가 인지하지 못하며 행하는 불합리함을 긍정적으로 변화하도록 성숙한 제안을 하는 역할을 해야 한다. 슬프게도 우리 기성세대들은 아무 잘못 없이 MZ세대에게서 꼰대가 되는 경우가 비일비재하다. MZ세대의 유입 이전과 같은 방향의 행동

---

7)[40대가 말한다] (좌담회) "우린 '낀세대...갈등 우리가 풀어야죠" (naver.com) https://n.news.naver.com/mnews/article/015/0000748232?sid=101

과 언행을 하게 된다면 인식의 차이로 눈치채지 못한 사이에 어려운 존재로 떠오르게 된다.

꼰대는 세대 또는 나이의 문제가 아닌 상황에 대한 이해와 공감을 할 수 있는 포용력이 있고 없음으로 만들어진다. 기성세대가 MZ세대를 이해하기 위해서는 반드시 브릿지 세대의 조력이 필요하며 멋지게 나이 들고 공경받을 수 있도록 끊임없이 조언을 주고 받아야 한다. 또한, 나의 20~30대 시절과 현재의 MZ세대들은 생활 습관, 문화, 생각 등이 무척이나 다르다는 것을 이해하려고 노력해야한다. 나아가 회사는 오랫동안 가지고 있던 묵은 관습을 폐하거나 현대화시켜야 MZ세대의 선택을 받을 수 있고 변화를 두려워하며 정체된다면 회사 내부 집단의 고령화는 심화되어 혁신이 이루어지지 않으며 결국엔 도태되고 말 것이다.

이러한 사례는 고령화가 한국보다 앞서 진행된 일본에서 볼 수 있다. 일본 경제 산업성의 보고서에 따르면 2025년까지 30%의 기업이 폐업할지 모른다 라는 전망을 담은 보고서를 내놓으면서 대책 마련을 하고있는 상태이다. 1세대 경영 집단의 고령화가 이루어지며 후계자 양성 또는 조직 개편이 되지 않아 오는 2025년에는 사업 후계자가 없는 중소기업이 127만 개에 이를 것이라는 전망이다.[8]

한국에서는 코로나 상황에서 원격근무를 코로나19로 인한 일시적인 상황으로 여기면 머지않아 도태된다라는 기사들과 각종 기업 운영 다각화 사례들로 기업별 혁신 수준을 살펴볼 수 있다. 대기업들은 현 상황에 맞추어 혁신을 하여 원격근무 외에 다양한 근무 방식을 도입하고 있다.[9]

---

8) 고령화의 그늘…日기업 10개 중 3개는 '후계자 없어' 폐업위기 〈사회 〈오늘공감 〈기사본문 – 공감신문 (gokorea.kr)
https://www.gokorea.kr/news/articleView.html?idxno=35950
9)"원격근무 대비 않는 기업은 도태, 정부가 중기 도와야" | 중앙일보 (joongang.co.kr) https://www.joongang.co.kr/article/23790130

기성세대는 변화를 실행하고자 하는 마음 먹기가 힘들고, Z세대는 실행하고자 하는 의지가 없거나 목소리를 낼 기회가 주어지지 않는다. MZ세대에게도 변화를 주도하는 것이 큰 도전이기 때문에 내 입맛에 맞는 회사로 이직하면 간단하다라는 생각이 팽배하며, MZ세대들은 내 입맛에 맞는 일자리가 적을 뿐 구인하는 회사가 차고 넘친다는 사실은 수많은 구인 정보 사이트 등을 통해 이미 잘 알고 있다. 양 세대 모두가 어려워하기 때문에 결국 변화의 주도는 MZ세대에서도 브릿지세대가 해주어야 한다. 브릿지 세대가 Z세대에게 해줄 수 있는 큰 역할은 기성세대의 행동과 결정에 대한 설명일 것이다.

왜 기성세대들은 MZ세대에게 불합리해 보이는 행동을 하고 그러한 문화를 만들었는지, 왜 우리 회사는 이러한 문화가 정착되었고 이러한 의사결정이 이루어질 수밖에 없었는지 말이다. Z세대는 설명이 없이는 기성세대의 행동과 결정을 이해하기 매우 힘들며 이해를 시도하다가 결국엔 포기할 것이다. 이해가 되지 않으면 차선을 선택하는데 이는 시간을 알차고 효율적으로 쓰고 싶어 하는 그들의 특성과 닮아있다.

'별다줄'이라는 신조어이자 줄임말이 있다. 별걸 다 줄이네라는 말을 줄여 말하는 것으로 말 줄임말은 Z세대들의 특징을 그대로 반영한다. 그들이 주도해가는 문화를 보면 조금 전 예시와 같은 말 줄임말이나 인스타그램 릴스<sup>Reels</sup>, 틱톡<sup>TicTok</sup> 등의 숏폼<sup>Short form</sup>으로 컨텐츠를 압축하고 최적화하여 이용 시간을 최소화하는 것인데 MZ세대들은 최적화를 사랑하고 탁월하게 해내는 세대이다.

위의 특징 외에 대표적인 소모 컨텐츠 중 하나는 MBTI<sup>Myers-Briggs Type Indicator</sup>라고 불리는 자기 보고식 성격 유형 검사 도구이다. MBTI는 참여자의 질문 선택지 결정 유형에 따라 16가지로 성격 유형을 나누어 개인의 성향을 규정하는데 몇십 가지의 선택지로 성격 유형을 결정하기 때문에 완전히 정확하다고 할 수는 없다. 하지만 MZ세대가 이것에 열광하는 이유는 유형에 따라 별다른 설명 없이 간단하게 내가 어떤 사람인지 표현하고 상대방을 이해하는 것이 가능하다는 점일 것이다. 즉, 시간이 절약된다.

위와 같은 내용들도 기성세대들이 이해해야 할 MZ세대의 특징이며 모든 세대에게 시간은 소중하지만, 우리 MZ세대들은 시간의 효율적 사용 방법을 아주 잘 알고 잘 쓰는 세대이다. 브릿지 세대는 기성세대의 의사결정 이유를 전부 다 이해하지는 못하지만 이해하려는 노력과 이해를 해나가며 설명할 정도가 되어가는 세대이다. 우리 브릿지 세대가 Z세대들에게 기성세대의 의사결정 사유를 설명하고 이해시킨다면 그들이 이해하지 못하고 시간이 아까워 차선을 선택하게 되는 최악의 상황은 맞이하지 않을 수 있을 것이다.

우리 기성세대들은 회사를 구축하고 발전시킨 장본인들이며 세월이 지나 세대가 교체되어가고 있다는 이유로 꼰대라 불리기엔 그들이 땀이 너무 소중하다. 기성세대의 경험과 지혜를 MZ세대가 가볍게 여겨서는 안 된다. 역꼰대<sup>10)</sup>라는 말이 있다. 선배나 상사의 정당한 조언이나 지적을 꼰대로 치부하며, 소통을 차단하는 MZ세대를 일컫는 말인데 우리 기성세대들이 이러한 취급을 받지 않도

---

10) 선배 불러 술값 떠넘기기… 대학가 "후배들이 무섭다" – http://www.munhwa.com/news/view.html?no=2017040
1071309314001

록 브릿지 세대가 기성세대에 대한 충분한 설명으로 서로의 이해를 도와야 하는 역할을 해야만 한다.

## ● 브릿지세대 HR 담당자들의 조직 진단 현황

누구보다 현 세대 간 갈등 상황을 몸소 체험하며 느끼고 있는 브릿지 세대이며 HR 담당자인 설문자들의 조직 진단 현황 사례를 통해 브릿지 세대들이 해야 할 역할의 방향성에 대해서 살펴보고자 한다. 브릿지 세대인 각 기업 HR담당자 30명에게 설문조사를 진행하였으며 그들이 진단하고 있는 조직의 문제점은 아래와 같다.

응답 기업의 업종은 서비스업(30%), 제조업(23.3%), IT제조업, 유통 서비스업, 금융, 공사, 공공기관, 마케팅, 언론사, 노무업, 사업시설유지서비스업, 광고대행업, 지자체 출연기관, 건설업 등 14개의 업종이다.

기업규모는 중소기업(36.7%), 중견기업(30%), 대기업(13.3%), 스타트업(13.3%), 공공기관(6.7%)으로 분류된다.

기업별 MZ세대 기준 인원분포는 MZ세대가 80% 이상(10%), MZ세대가 70% 이상 80% 미만(13.3%), MZ세대가 60% 이상 70% 미만(10%), MZ세대가 50% 이상 60% 미만(13.3%), MZ세대가 50% 이하(53.3%)이다.

소속 기업 MZ세대 평균근속기간은 1년이상~2년미만(20%), 2년이상~3년미만(23.3%), 3년이상~4년미만(26.7%), 4년이상~5년 미만(16.7%), 5년 이상(6.7%), 1년 미만(6.7%)이다.

MZ세대의 조직 몰입을 위해 가장 신경 쓰는 분야는 어떤 분야인가에 대한 응답은 자유로운 조직문화(36.7%), 워라밸 보장(30%), 공정한 인사제도 수립(10%), 만족스러운 연봉수준(10%)으로 나타났다. MZ세대에 대한 HR의 주요 이슈는 무엇인가에 대한 응답은 인재 채용(36.7%), MZ세대 조직 몰입 방법(20%), 세대 간/계층 간 소통 방법(20%), MZ세대 이직률 감소대책(13.3%) 순으로 나타났다.

기성세대가 MZ세대에게 가장 어려워하는 것은 무엇인가에 대한 응답은 조언이나 지적을 꼰대로 치부 당하는 것(33.3%), MZ세대와의 소통(33.3%), MZ세대가 원하는 변화를 수용하기 어려운 것(26.7%)로 조사 되었으며, MZ세대가 조직 적응에 가장 어려워하는 것은 무엇인가에 대하 응답은 경직되고 수직적인 기업문화(26.7%), 기성세대와의 소통(23.3%), 성장 가능성의 부재(23.3%), 획일화된 업무방식(10%), 안정되지 않은 워라밸(10%) 순으로 나타났다.

MZ세대가 이직하는 주요 원인에 대해서는 연봉 수준이 원하는 조건보다 낮아서(33.3%), 배울 게 없고 나의 성장 가능성이 작아 보여서(26.7%), 업무 시간이 불확실해서(워라밸 미보장)(16.7%), 경직된 조직문화로 인해 적응이 어려워서(13.3%)로 조사 되었다. MZ세대가 이직하는 주요 원인에 대해서는 사내 문화에 대한 거부감을 표시할 때(36.7%), 기성세대의 업무지시에 대해 MZ세대와 조율이 안 될 때(33.3%), 피드백 주는 선임을 꼰대로 규정할 때(20%), 단체행동에 불참할 때(6.7%)로 나타났다.

HR담당자로서 기성세대와 MZ세대와의 사이에서 가장 어려울 때가 언제인가에 대한 주요 응답은 아래와 같다.

- 세대간 성향과 상식, 기준이 다르다보니 서로 이해하지 못한 채 아슬아슬하게 진행되는 커뮤니케이션
- 대화를 하면 처리 할 수 있는 부분인데 대화를 어려워하며 해결하지 못하고 있을 때
- MZ세대의 조직 추구 방향이나 니즈를 공감하지 못할 때
- MZ세대가 워라벨, 복지, 연봉 등은 보장받고 싶어 하지만 그에 대한 책임의식 없는 업무 태도를 보일 때
- 중간에 낀 세대로서 기성세대의 사상과 발언은 너무 올드하다 느끼고 MZ세대들은 조직사회에서 지극히 개인주의적이라 느낄 때
- MZ세대와 기성세대가 서로를 이해하려 하지 않고 대립하기만 함. MZ세대는 기성세대를 일 안 하고 꽉막힌 꼰대로 규정하고 기성세대는 MZ세대를 이해하고자 하는 노력이 없음
- MZ세대들이 기존의 방식은 무조건 고리타분하게 생각하고 효율만 중시하는게 맞다고 주장함.(생각의 폭이 좁음)
- 관점의 차이로 인해서 조직문화가 좋지 않은 방향으로 흐를 때 가장 어렵다.
- HR담당자의 정책 방향을 각 세대의 관점으로 해석하기 때문에 의도와 다른 결과가 나타남
- 기성세대도 이해되고, MZ도 이해되나, 서로 동상이몽을 꿈꿀 때 (사측과 근로자 측 사이)
- 몇몇 기성세대의 꼰대스러운 행동으로 조직 전체가 꼰대집단으로 치부되는 것

HR담당자로서 기성세대와 MZ세대와의 사이에서 어떤 역할을 하고 있는가에 대한 주요 응답은 아래와 같다.

- 중간다리 역할로 기성세대에게는 MZ세대들의 성향과 원하는 바를 전달하고 MZ세대들에게는 회사나 기성세대의 입장과 의도를 설명하고 이해시키는 역할을 함
- 극단적인 상대의 대답을 필터링해서 전달하고 의사소통 역할 및 업무 지시
- 기성세대와 MZ세대를 각각 이해하고 소통의 통로를 연결해보려 각 세대 입장 차이를 전달함
- 두 세대의 차이를 최소화하는 하기 위해 관련 프로그램 마련을 위한 고민
- 기성세대와 MZ세대의 대화를 번역하는 역할을 함. 양 세대의 정제되지 않은 말이나 의견들을 상대 세대가 이해할만한 논리로 변환하고 설명하고자 함
- 기성세대와 MZ세대 모두를 만족시킬 중간 대안을 마련하는 부분
- 두 세대의 관점 차이를 조율해서 설명하는 역할을 맡고 있다. MZ세대에게는 기성세대의 관점이 왜 그런지 설명하고 좋은 점은 받아들일 수 있도록 설득하고 기성세대에게는 MZ세대의 장점 및 동기부여를 통한 업무 지시로 효율성을 더욱 높일 수 있도록 설득하고 있다.
- 상호 의사소통의 사다리가 되려고 노력하고 있음.

HR담당자로서 기성세대와 MZ세대와의 갈등이 심각하다고 생각하는가에 대한 주요 응답은 아래와 같다.

- 폭풍전야와 같음. 겉으로는 드러나지 않으나 속으로는 모두가 느끼고 있는 문제들과 불만들이 있음
- 심각함. 기성세대는 회사 성장과 관계없이 본인 연봉과 자리에만 관심 있고 MZ세대는 본인의 성장과 회사의 가치를 비교함. 그러다보니 서로 가치관이 상당히 다르고 이로 인해 대화가 되지 않음. 또한 회사 의결권 및 주도권은 기성세대에게 있기때문에 업무 비중도 MZ세대에게 불리하게 적용됨
- 심각하다고 느낌. 결국 MZ세대가 수용을 못하고 퇴사율이 점점 높아지고 있음
- 많이 심각하지는 않지만 각 세대별로 모든 인원이 세대별 특징대로 치부되는 것이 아쉬운 예로 모든 기성세대는 꼰대, 모든 MZ세대는 제멋대로라는 인식
- 서로가 서로를 이해하려고 하지 않음. MZ세대도, 기성세대도 본인들의 속한 세대를 떠나서 하나의 개인이고 또 조직의 구성원인데 세대 차이에 매몰되어 자기 주장만 함
- 기성세대의 지식 노하우 전달이 단절되고 있으며, MZ는 깊고 복잡한 것보다 정해진 일만하고 자신의 인생을 살려고 함
- 소통의 방식이 다름. 예전에는 까라면 까는 분위기, 지금은 그렇게까지 해야하나? 란 분위기
- 심각한 수준이지만 수면 위로 올라오지 않았다고 생각한다. 어느 한쪽이 참고 있거나 터지기 직전인 상태임. 터진다면 이직률로 나타날 것임

HR담당자로서 기성세대와 MZ세대의 중간세대인 조율자(80년대~90년 초 출생자)들에게 양쪽을 조율하기 위한 교육이 필요하다고 생각하는가에 대한 응답으로는 매우 필요함(33.3%), 필요함(30%), 있으면 좋지만 없어도 크게 상관없음(16.7%)으로 응답했으며, 기타의견으로는 조율자보다 각 세대들이 서로를 이해하기 위한 교육이 더 필요하다는 의견과 집단 자체를 이분법화 하여 편 가르기를 하기보다 서로의 다름을 인정하는 교육이 필요하다고 응답했다.

위와 같이 조사한 각 기업의 브릿지세대 HR담당자들은 이미 기성세대와 MZ세대 사이에서 가교 역할을 인지하고 있고 세대 간의 문제점을 인지하고 있으며 어떻게 조직을 융화할 것인지 나름의 방법을 찾고 있는 과정에 있다.

눈여겨볼 부분은 HR담당자의 정책 방향을 각 세대의 관점으로 해석하기 때문에 의도와 다른 결과가 나타난다는 사례인데 위와 같은 갈등 사례 발생 전에 정책수립 단계에서 충분한 의견 청취와 정책 의도 설명으로 양쪽 세대에게 방향성을 같게 부여하는 가교로서 역할이 중요한 사례라고 판단된다.

또한, 브릿지세대가 조율자로서의 역할 수행에 어려움이 있는 것을 알 수 있는데 응답자 중 70% 이상이 조율자로의 역할 수행을 위한 도움을 받기 위해 교육의 필요성을 느끼고 있다. 브릿지 세대로서의 역할을 하고 있는 역할자들에게 어떤 교육을 진행할 것인지도 HR담당자들의 숙제 중 하나가 될 것으로 보인다.

최근 이순신 장군의 한산도대첩을 배경으로 하여 개봉한 '한산'이라는 영화를 보며 HR담당자의 관점에서 느끼는 바가 있다. 영화 속 최종장이 진행되기 전 그 유명한 학익진 배치도를 그리기 전 심사숙고하는 이순신 장군의 모습이 나오는

데, 배치하는 구간별로 장수들의 특징과 성품을 하나하나 고려하고 서로의 관계까지 생각하여 완성하는 모습을 보며 한산도 대첩에서 대승을 거두게 된 배경과 인사가 만사라는 말을 다시 한번 생각하게 되었다. 또한, 어영담 역의 안성기 배우와 이운룡 역의 박훈 배우의 역할을 보게 되었는데, 솔선수범하는 스승과 스승에 대한 존경의 믿음으로 따라가는 후배의 모습은 조직이 올바른 방향을 가는 모습을 보여주며 조직의 융합과 완성을 볼 수 있게 한다. 우리가 계속해서 연구하는 기성세대와 MZ세대의 융합은 근대를 넘어 조선시대에도 성공의 필수적인 요소였던 것이다.

존경받으며 솔선수범하는 기성세대와 MZ세대가 자신의 능력을 100% 사용하도록 하며, 두 세대의 능력과 지혜를 조화롭게 하는 환경을 만드는 것이 브릿지세대의 역할과 숙제가 아닐까 싶다.

# 4

# MZ세대의
# 조직 갈등 해결과
# 효과적인 유지 방안

**김대경**
마이스터즈 이사

(주)마이스터즈 CHO이며, 동시에 인사·교육·경영전략·사업개발 분야에서 21년간 컨설팅, 강의를 제공하고 있다. 한국코치협회 인증코치로서 리더십 · 취업 · 진학 · 부모코칭으로 동행하며, 고려대 기업교육 석사를 거쳐 성인계속교육·인적자원개발 박사 과정을 밟고 있다.

# 4

## MZ세대의 조직 갈등 해결과
## 효과적인 유지 방안

"저는 어제 퇴사 방어를 위해 우리 주니어들 이야기를 들어주고 달래면서 간을 혹사시켰어요. 그런데 주니어들은 전부 멀쩡히 출근했네요. 저 어제 잘한 거 맞겠죠?"

2022년 7월, 인사 담당이 모인 오픈채팅방에 푸념 섞인 아침 인사가 올라왔다. 남의 일처럼 보이지 않았다. 최근에 겪었던 비슷한 일이 머릿속을 스쳤다. 인사 담당으로서 MZ세대를 채용, 정착, 유지하기는 불가능한 임무, '미션임파서블'인 듯하다. 적합한 인재를 채용하는 과정도 지난하지만 6개월 이상 교육·훈련을 통해 육성한 인재의 이탈도 일상적인 현상이 되었다.

신인류와 같은 MZ세대가 일터로 왔다. 기존의 구성원들로서는 도대체 무슨 일이 벌어지고 있는지 제대로 파악하기조차 어렵고 혼란스럽다. 기성세대와의 갈등처럼만 보였던 현상은 이제 구성원 전체의 인식마저 송두리째 바꾸고 있다.

코로나 유행으로 일하는 모습도 크게 바뀌었다. 조직적으로 일하는 것은 점점 더 어렵게 여겨진다. 조직 차원의 비전보다는 개인의 과업과 목표에 초점을 둔 업무방식을 선호한다. 나아가 주4.5일제를 지나 주4일제를 실험적으로 도입하기도 하며,[11] 일하는 시간과 장소를 직접 선택하는 '워케이션Work+Vacation'도 속속 시행하고 있다.[12]

노동환경은 급변하는데 조직규모가 작은 스타트업이나 중소기업은 생존경쟁과 동시에 법령과 제도의 변화에 대응하기에도 급급한 실정이다. MZ세대만을 위한 개별 정책은 업무량 과다로 언감생심일 뿐만 아니라 제대로 준비하기 어려워 경영진의 지지와 후원을 받기도 요원한 희망 사항에 그친다. MZ세대 인재를 속수무책으로 떠나보낼 때는 인사담당으로 일하는 것마저 회의감이 든다. 이런 실상을 마주할 때마다 자기검열을 하듯 던지는 질문들이 있다.

'이런 것도 이해 못 하면 꼰대일까? 이렇게 해서 사업과 조직을 유지할 수 있을까?'

이제 자기검열과 반성을 넘어서야 한다. 중소기업의 임원이며 작은 조직의 인사·교육책임자로서 환경 탓만 하고 자원 부족에서 핑곗거리를 찾을 수만은 없는 노릇이다. 희망의 불씨를 피워낼 묘책이 필요하다.

웹4.0시대에는 작고 빠른 조직이 살아남는다고 한다. 속도가 강조되는 시대, '애자일Agile, 민첩성'이 기업의 주요한 경쟁요인으로 자리매김했다. 드디어 작은 기업에도 기회가 왔다. 작은 조직은 애자일을 구현하는데 상대적으로 유리한 조건이다. 스타트업과 중소기업의 경영진과 구성원은 애자일에서 역전의 빛줄기를

---

11) 한국경제, 2022.07.10, "MZ 인재 잡아라"…주4일제 나선 교육기업들.
12) 김경필, 워케이션.(클라우드나인, 2022)

발견할 수 있을 것이다. 작은 규모의 기업에서 성과를 거두었던 성공사례를 분석하여 MZ세대의 효과적인 조직 정착과 유지 방안을 탐색해본다. 나아가 MZ세대만을 위한 대책이 아니라 조직구성원 모두가 행복한 일터를 만드는 실마리를 발견하리라 기대한다.

**FACT FINDING 1** ▶ 조직 내 MZ세대 현황

MZ세대는 대한민국 인구의 절반 정도를 차지하는 주요 경제 활동 연령대이다. 2020년 기준 MZ세대는 전체 인구의 46.9%를 차지하였으며, 향후 상당 기간 가장 큰 비중을 유지할 것이다. 일과 가정의 균형을 추구하고, 디지털 원주민으로 살아가며, 공유경제와 주식 직접투자를 선호하는 특징을 보이는 MZ세대는 이전 세대와 다른 경제적 지위에 처해 있다. 그들의 근로소득은 여타 세대에 비해 부진하고, 금융자산은 줄었으며 부채는 늘었다.[13] 이러한 여건에서 MZ세대는 생계 수단으로써 조직 생활의 가치를 저울질한다.

MZ세대가 조직을 떠나고 있다. 그들의 근속연수는 2년을 넘지 못한다. 통계청 조사에 따르면 청년층의 첫 직장 근속연수는 평균 1.68개월이다. 재직 중인 경우에 2.32개월, 이직한 경우에 1.23개월로 재직 여부에 따라 1년이 넘게 차이가 난다. 전체의 65.6%가 첫 직장을 떠난 경험이 있다.[14]

대학내일20대연구소의 인사이트보고서 〈2021 세대별 워킹트렌드〉는 현 직장의

---

13) 최영준, BOK이슈노트 [제2022-13호] MZ세대의 현황과 특징(한국은행, 2022.03.15)
14) 통계청, 2022년 5월 경제활동인구조사 청년층 부가조사 결과 보도자료(2022.07.19)

향후 예상 근속연수에 대한 물음에 Z세대의 70.9%가 3년 미만으로 응답했다고
보고한다.[15] MZ세대는 3년 이상 근속하려는 의도가 낮고, 실제로 2년 이상
근속하지 않을 가능성이 큰 것이다.

기업 내 MZ세대가 이탈하는 현상은 숫자로도 드러난다. 통계청의 「경제활동
인구 부가조사(근로형태별 임금근로자)」에서 2017년 대비 2021년 자료의 연
령별 비율을 대조해보면 20~29세는 0.7%p(17.5%→16.8%), 30~39세는
2.8%p(23.8%→21.0%), 40~49세는 1.6%p(25.2%→23.6%)가 감소했지만,
50~59세는 1.1%p(21.0%→22.1%), 60세 이상은 4.2%p(11.3%→15.5%)가 증가
했다.[16] 기업 내 구성원의 세대 차이는 과거 어느 때보다 커지고 있으며, 이러한
추세로 단일조직 내 다양한 연령층이 함께 근무할 가능성이 더 커졌다.

임금근로자 연령별 비율 추이(2017~2021년)

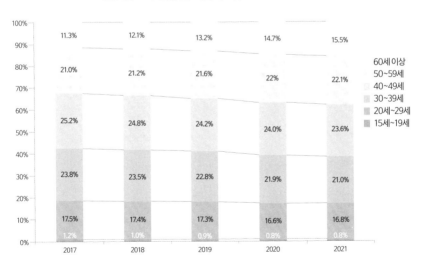

15) 인사이트보고서 〈2021 세대별 워킹트렌드〉(대학내일20대연구소, 2021.09.29)
16) 통계청, 「경제활동인구 부가조사(근로형태별 임금근로자)」 원자료 분석(2017~2021), https://gsis.kwdi.re.kr/
statHtml/statHtml.do?orgId=338&tblId=DT_1XD9002

MZ세대와 기성세대의 접점은 점차 확장될 것이다. 실제 조직의 경계를 넘나들며 폭넓은 연령층과 만나 일할 기회가 많아졌다. 승강기, 전열교환기 등 전문건설업에 종사하며, 65세 이상인 현장 인력을 어렵지 않게 만나왔다. 방문 서비스 등 현장직은 물론이고, 생산직에서도 청년층과 장년층이 함께 일하는 모습을 쉽게 목격할 수 있다.

업종과 개별 조직의 특수성을 고려하더라도 조직 내 근로자의 연령비율이 변하는 추세는 세대 갈등이 심화할 수 있는 환경임을 방증한다. '사람인'의 '기업 내 세대 갈등 양상'에 대한 조사 결과, 60.6%가 '임직원 간 세대 갈등이 있다'고 응답했다. 세대 갈등에 대해 98.2%의 기업이 조직문화, 경영성과에 영향이 있다고 보았으며, 구체적으로 '젊은 직원들의 퇴사'(56.3%, 복수응답)에 가장 큰 영향이 있다고 답했다. 실제 39.9%의 기업에서 '세대 갈등의 영향으로 퇴사한 직원이 있다'고 했으며, 퇴사한 직원의 84.6%(복수응답)가 MZ세대였다.[17]

한편, 같은 조사에서 세대 갈등이 없다고 답한 39.4%의 기업은 그 이유를 '대부분 비슷한 연령대의 직원들이 많아서'(53.1%, 복수 응답), '서로 다름을 인정하는 문화 조성'(34%), '수평적인 조직문화가 잘 자리 잡아서'(29.3%) 순으로 꼽았다. 이와 같은 결과는 MZ세대를 둘러싼 문제를 세대 갈등으로만 해석하기를 경계해야 할 근거가 된다.

지금까지 MZ세대를 둘러싼 현상을 세대 갈등으로 한정해오지 않았나 돌아볼 일이다. 편견 없이 조금 더 넓은 시각에서 접근할 필요가 있다. 사실에 근거하여 문제를 정의함으로써 올바른 대안을 끌어낼 바탕을 다져야 할 것이다.

---

17) 사람인, 취업뉴스 '기업 5곳 중 2곳, "세대갈등으로 퇴사하는 직원 있어"'(2021.11.29)

MZ세대의 조직 내 갈등 요인

'MZ세대'를 둘러싼 고민은 비단 인사 담당만의 것은 아니다. MZ세대가 조직에 합류하면서 지위고하, 남녀노소를 막론하고 더욱 다양한 양상으로 펼쳐지는 갈등 상황을 마주하고 있다. 하지만 과연 MZ세대가 조직에 유입되면서 발생한 현상인지, 혹은 다른 원인에 의한 것인지 냉정하게 바라보는 노력은 상대적으로 부족해 보인다. 오히려 원인조차 파악하지 않은 채 조직에 적응하지 못하는 MZ세대인 구성원 개인의 탓으로 치부하기도 한다.

사람과 사람이 모여 일하는 곳이 회사다. 사람은 서로 다른 욕구를 가지고 있으니 충돌하는 것은 당연하다. 갈등 자체를 일반적인 현상으로 바라본다면 조직 내 갈등은 조금 더 쉽게 접근할 수 있다. 조직 안팎에서 떠도는 언어에서 숨어있는 갈등의 불씨를 찾을 수 있다.

MZ세대의 조직 내 유입과 함께 기성세대를 꼬집는 '꼰대'라는 말이 부각되었다. 꼰대는 나이의 문제가 아니라 공감 능력의 문제다.[18] 소위 "젊은 꼰대"를 판별하는 방법과 그에 대한 조언들이 다양한 매체에서 떠돌았고, '꼰대 체크리스트'까지 등장했다.[19] 편견이 있다면 누구든 꼰대가 될 수 있음은 MZ세대도 잘 알고 있다.[20] 즉, 갈등을 유발하는 관점은 나이 불문이다.

한 걸음 더 현장 속으로 들어가 보자. 100인 미만 규모의 기업 8개를 임의로 선정하여 현장의 목소리를 직접 들어보았다. 그들의 이야기에서 공통적으로 발췌한 진술을 통해 갈등의 실상을 직시해보자.

---

18) 정문정, 무례한 사람에게 웃으며 대처하는 법(가나출판사, 2018)
19) 이민영, 젊은 꼰대가 온다(크레타, 2022)
20) 홍민지, 꿈은 없고요, 그냥 성공하고 싶습니다(다산북스, 2022)

〈세대별 현장의 목소리〉

| 구분 | 이슈 | 기성세대 | MZ세대 |
|---|---|---|---|
| 리더십 | 업무지시 | A부터 Z까지 어떻게 일일이 다 가이드를 줄 수 있나요? 일은 스스로 방법을 찾아서 해내는 겁니다. 그게 프로에요. | 명확한 가이드가 없다면 중복되는 일이 많아 정작 중요한 일을 할 시간도, 에너지도 남지 않게 됩니다. 가이드를 주세요. |
| | 업무관리 | 제때 보고하는 것도 아니고.. 매번 물어보고 체크할 수도 없잖아요. | 업무관리는 윗분들 R&R 아닌가요? 간섭만 하지 마시고, 코칭해 주세요. |
| | 의사결정 | 이렇게 논의해서는 결정하기 어렵겠어요. 일단은 제 결정에 따라 주세요. | 지난번에도 팀장님이 결정하셨지만 모두가 질책받았습니다. 합의하여 결정했으면 합니다. |
| 제도/문화 | 근무시간 | 마감이 코앞인데.. 일은 언제 하나요? 선배들은 야근하는데 칼퇴라니.. | 근로계약의 근무시간을 지켜주세요. 근무시간 내 업무를 완료하도록 합리적으로 계획해야죠. |
| | 교육훈련 | 일을 배우려면 시간을 투자해야죠! 회사가 학원은 아니잖아요. | 교육은 회사가 제공해야 하는 의무입니다. 제대로 가르쳐 주세요. |
| | 성과평가 | 업적에 대한 인정, 향후 업무에 대한 격려, 그리고 동료평가를 고려해 평가했습니다. | 어차피 '답정너'에 사탕발림 아무 말대잔치로 들립니다. 도대체 평가기준은 뭔가요? |
| | 회식 | 얼굴 보고 만나기도 힘든데 회식 자리에서라도 이야기합시다. 법인카드만 달라고 하면 언제 만나서 얘기하나요? | 충분히 만나고, 이야기하고 있습니다. 더 건설적인 이벤트라면 참여하겠습니다. 단, 근무시간 중이면 좋겠어요. |
| | 회의 | 의견을 주세요. 주체적으로 생각하고 피력해야 능력을 인정받을 수 있습니다. | 윗분들과 다른 의견이라 눈치 보입니다. 의견을 내면 꼭 제가 담당할 것 같아 두렵습니다. |

| 구분 | 이슈 | 기성세대 | MZ세대 |
|------|------|---------|--------|
| 일하는<br>방식 | 대면근무 | 눈앞에 보이지 않으니 무슨 일을 하는지 알 수가 없네요. 부서 내, 부서 간 협의도 잘 안되는 것 같고요. | 눈앞에 보여주려는 낭비를 줄여 합리적으로 일하는 건 어떨까요? 비대면으로 협의할 인프라, 능력은 충분합니다. |
| | 업무분장 | 이번 프로젝트에는 다소 무리하게 되더라도 꼭 참여해야 합니다. 일상 업무는 정, 부를 나누어 진행해주세요. | 일 잘하는 사람과 하위직급자에게 업무가 몰립니다. 업무난이도와 분량을 고려하여 능력과 지위에 적합하게 분배해주세요. |
| | 의사소통 | 긴급한 일은 전화로 확인해주세요. 메신저는 텍스트만 있어서 오해하기 쉽고 수신 누락도 잦습니다. | 메신저는 업무기록이 남아 이력 관리에 더 유리합니다. 텍스트 기반의 소통이 더 효율적입니다. |

MZ세대는 기존 조직의 리더십, 제도와 문화, 일하는 방식에서 변화를 요구한다. 기성세대는 조직을 대리하는 입장에서 이러한 요구를 받을 때 당황스럽고 때론 실망하기도 한다. 반면, 개인적으로는 환영하고 동의하는 면도 있다. 하지만 그들의 입장을 모두 수용하자니 후배를 모시고 일하는 기분이다. 기성세대와 MZ세대 모두에게 불만스러운 조직 생활이다.

중소기업 선배들의 상황은 더 열악하다. 실무에 치여 후배들을 돌볼 여력이 없을뿐더러 자신들이 그랬던 것처럼 알아서 일을 찾아 잘 해내 주기를 바란다. MZ세대는 채용공고에서 광고했던 모습과는 당혹스러울 만큼 다른 조직 생활에 적응하기 힘들다. 보살핌을 받는 환경을 기대했지만 검투장에 내던져진 기분이다. 원칙도 기준도 없어 보인다 한들 그들의 기대와는 사뭇 다르다. 조직과 구성원의 기대 간극을 좁히는 노력이 절실하다.

## THINK TOGETHER 1 ▶ MZ세대를 포용해야 살아남는다

경영진은 MZ세대를 반드시 포용해야 하는지 의문을 가질 때가 있다. 그들의 요구를 수용하기에는 경영, 재무, 제도를 포함하여 심리적인 부담이 크다. 한국의 경영환경은 기업이 10년을 넘기기 어려운 형편이다. 기업벤처링을 통해 세대교체 없이 사업을 영위할 방법도 있고,[21] 유니콘 기업[22] 까지는 아니더라도 경영진의 세대까지는 충분한 부와 명예를 누릴 자신도 있다.

반면, 경영진으로서 위기감을 느끼는 것도 사실이다. 영업 현장에서는 50대가 넘는 베테랑 영업 대표들이 주요 고객이 된 MZ세대를 상대로 수주하는 데 어려움을 겪고 있다. MZ세대 고객은 자신보다 나이 많은 영업 대표와의 만남 자체를 꺼리고, 그들을 설득하려는 영업 화법이 부담스럽다고 토로한다. 실제로 영업성과에 작은 변화가 감지된다.

게다가 직원들이 가족 돌봄, 건강 문제, 이직, 자기 사업에 도전한다는 등 다양한 이유로 회사를 떠나는 일이 잦아지고 있다. 조직 이탈은 MZ세대만의 문제가 아니라 일종의 사회현상으로 보인다. 조직 이탈의 주체가 MZ세대에서 직원 전체로 번지는 기세가 무섭다. 그 중심에 MZ세대가 있을 뿐이다. 그래서 그들의 이야기를 듣기 위해 수시로 자리를 마련하였고, 만날 수 있는 자리가 있으면 적극적으로 찾아갔다. 개인 일정을 포기하면서 강의를 듣고, 관련 도서도 두루 살펴봤다.

---

21) 한국무역협회, 기업 벤처링 트렌드와 시사점 : 스타트업과 상생하는 법(2021.12.2)
22) 유니콘 기업(Unicorn)은 기업 가치 10억 달러(=약1조 원)이면서 창업한 지 10년 이하인 비상장 스타트업 기업을 말한다. 한국의 경우, 쿠팡, 크래프톤(前블루홀), 비바리퍼블리카(토스), 야놀자, 무신사, 쏘카, 마켓컬리, 당근마켓, 직방 등이 있다.

전문가들은 MZ세대를 조직 안팎으로 포용하라고 조언한다. MZ세대가 업무 일선에서 능력을 발휘할 기회를 주어야 한다. 4차 산업혁명, 디지털 전환, 그리고 사업 관련 법령의 제, 개정에 따라 직원 재교육 주기가 점점 짧아진다. 현업과 동시에 새로운 기술을 학습해야 하고, 나아가 제품과 서비스의 개발도 놓칠 수 없다. 따라서 빠르게 학습하는 영민함과 바로 성과를 내는 유능함을 갖춘 젊은 인재가 필요하다.

대내외 경제 상황은 점점 더 악화하고 있다. 건설업, 제조업, 유통업 등 복합적인 아이템을 다루는 중소기업은 아등바등 버텨내야 할 파고가 높다. 이를 돌파해 나갈 주역은 MZ세대이다. MZ세대는 이미 주력 소비자이며 생산자이다. 그들의 의견을 반영하지 못한다면 가까운 미래에 영업 부진, 매출 감소, 인력난 등으로 골머리를 앓을 것이 자명하다. 10년 버티려다 3년도 못 갈 수 있다. 과감하게 바꿔야 할 때이다.

결단에 그치지 말고 빠르게 실행해야 한다. MZ세대를 배우고 그들의 능력을 조직으로 흡수하려는 움직임은 이미 활발하다. 최근에는 역멘토링을 제도화하여 임원이 MZ세대를 수시로 만나 그들의 신선한 아이디어를 조직의 역량으로 담아내려는 사례가 심심치 않다. 2010년 초반부터 사원급 구성원을 통해 젊은 세대의 사고방식, IT활용능력, 소비패턴, 라이프 스타일을 학습하려는 '역멘토링(또는 리버스멘토링)'을 도입해왔다. 그러나 이전의 역멘토링은 신입사원의 조직 연착륙과 조기 전력화를 목표로 설정하여 일회성 이벤트에 지나지 않았다. 2010년 후반부터는 역멘토링을 조직차원에서 적극적으로 도입하려는 의지가 커졌고, 결과를 취합하여 현장에서 활용하는 범위도 넓어졌다.

조직은 젊어야 한다. 일하는 방식에 대해 젊은 세대의 의견을 적극 수렴해야 한다. 경영진의 의사결정을 조력하도록 역할을 주고 권한을 위임해야 한다. 나아가 경영에 직, 간접적으로 참여하도록 폭넓게 길을 열어주어야 한다. 그래야 조직 안에 진정으로 젊은 피를 수혈할 수 있다.

결국 젊은 조직이 오래 살아남는다. 조직의 건강한 변화와 세대교체를 지속하려면 리더의 인식변화, 조직문화 개선, 성과관리 제도 등 폭넓은 고민과 실행이 뒤따라야 한다. 세대가 공존하도록 경영진이 견고하게 후원할 때 MZ세대 또는 그 이후의 세대를 조직 안에 품을 수 있다. 그들을 포용하는 만큼 조직의 수명을 연장하는 것이다.

## THINK TOGETHER 2 ▶ MZ세대가 조직 정착에 실패하고 이탈하는 원인을 찾아라

조직에서 MZ세대는 주요 인력이면서 지속적인 성장을 견인할 차세대 리더이다. 그들의 디지털 리터러시는 다른 세대에 비해 월등한 수준이다. 이전 세대에 비해 정보를 재조직화하여 부가가치를 창출하는 능력이 뛰어나다. 그만큼 조직에서는 MZ세대에 거는 기대가 크다. 그러나 MZ세대가 업무에 숙련되기도 전에 이탈하는 경향이 뚜렷하다. 그들에게 건 기대만큼 실망도 큰 법이다.

과연 어떤 이유로 그들이 조직에 정착하지 못하고 이탈하는지 조직마다 처한 여건을 돌아보고 세밀히 따져봐야 한다. 앞서 살펴봤던 사실 확인(Fact Finding) 과정에서 갈등 요인을 크게 리더십, 제도와 문화, 일하는 방식으로 구분하여 정리했다. 각 갈등 요인에서 더욱 근본적인 원인을 파고들어 보면 시대정신과 가치관의 충돌을 발견할 수 있다.

## 1) 시대변화를 수용하지 못하는 '리더십'

조직은 시대의 요구에 부응하지 못하는 듯하다. MZ세대가 촉발한 조직 내 갈등은 조직을 개선할 계기로 여겨진다. 지속가능한 조직은 시대의 요구를 선도적으로 수용하고 여건에 맞게 최적화한다. 경영철학이 굳건한 조직, 건전한 문화가 정착한 조직은 그 결에 맞는 인재와 함께 오래도록 성장의 길을 걸어갈 수 있다. 그러나 구성원들이 조직을 이탈하는 현상에서 볼 수 있듯 조직이 시대 변화의 속도를 따라잡지 못하는 것은 아닌지 성찰해볼 필요가 있다.

중앙대 김누리 교수는 대한민국에 만연한 사회갈등 중 세대 간 갈등을 파시즘 Fascism전체주의 과 민주주의가 충돌하는 현상으로 설명했다.[23] 시민의식은 민주화되었으나 기득권이 뿌리 깊게 자리 잡은 영역에서는 아직도 집단의 논리로 개인의 자유와 권리를 억압한다고 해설한다. 조직사회화한다는 명목으로 조직 정착, 조기 전력화, OO인화 하기에 열을 올렸던 조직의 활동에서 반성할 대목이 있는지 살펴봐야 할 것이다.

MZ세대는 '합리적 개인주의'를 표방한다.[24] 선배 세대가 회사에 충성한 결과로 얻은 가정불화, 건강 악화를 잊지 않고 있다. 이들은 조직에 대한 신뢰감이 크지 않다. 조직이 구성원을 어떻게 대우해왔는지 목격한 산증인이기 때문이다. 그래서 MZ세대는 자신의 삶이 우선이며, 일은 삶을 지탱하는 생계 수단으로 전제한다. 일을 통한 자아실현에도 목숨을 걸지 않는다. 운이 좋으면 본캐 또는 부캐

23) 노컷뉴스, 2022.03.15, 김누리 "나이·성별·진영 갈갈이..한국 갈등 세계 1위 됐다"
24) 김범준, 80년생 김 팀장과 90년생 이 대리가 웃으며 일하는 법(한빛비즈, 2020)

로 생계유지와 자아실현이 가능할 것이라 기대하지만, 여의찮으면 다음 생으로 미룬다. 집값 상승률은 임금 상승률의 서너 배를 넘어선 지 오래다. 현재의 조건에서 소소한 행복을 추구하며 자족하는 삶을 택하는 편이 지혜롭다고 여긴다.

대한민국은 급속히 성장했다. 역사적으로 200여 년에 걸쳐 이뤄낸 산업혁명과 민주화를 우리는 단 50년 만에 압축하여 달성했다. 그만큼 세대별 경험은 크게 차이가 날 수밖에 없다. 대한민국의 조직도 시대 흐름을 따라가기에 벅찬 상황이지만, 여기에 멈춰 안주할 수는 없다.

조직을 떠나는 것은 사실 리더를 떠나는 것과 다름없다. 제도와 문화, 일하는 방식은 모두 리더가 결정하기 때문이다. 리더들이 힘을 가지면 자기중심적으로 의사결정하고, 일방적으로 소통하면서 자기 의지를 관철하려는 모습을 숱하게 지켜봤다. 이런 욕구를 극복하지 못하면 결국 우리가 그토록 함께 일하고 싶어 했던 '의식 있는 젊고 유능한 인재'는 조직이 자신의 성장을 가로막는다고 판단하여 조직을 떠난다. 특히, 자신의 지식과 기술이 뛰어나다고 인식하는 초기 경력자일수록 조직을 떠나겠다는 의도가 강하게 나타난다.[25] 따라서 젊고 유능한 인재를 영입하기 위해서 시대가 요구하는 리더십을 발휘해야 하며, 나아가 시대를 선도하는 리더십을 개발하는 데에도 노력해야 할 것이다.

## 2) 납득할 수 없는 '제도와 문화'

조직의 제도와 문화는 MZ세대의 눈높이에 적합하지 않다. 민주시민으로 교육받은 MZ세대는 제도나 규칙에 순응하지만 불합리한 제도에는 민감하게 반응한

---

25) 김명섭, 서숙영, 김한영. (2020). 초기경력자의 이직의도 영향요인 분석. 산업교육연구, 40(2), 46-77.

다. 불평등한 기회에 반발하며, 불공정한 보상은 수용하지 않는다. 수평적 사고에 익숙하고, 일방적 소통을 배타한다. 윤리의식도 이전 세대보다 훨씬 높아 스스로 제도를 지키려는 의지도 강하다.[26] MZ세대의 시각으로 조직의 제도와 문화를 다시 바라보자. 당신이 MZ세대라면 몇 점을 주고 싶은가? MZ세대의 관점에서 일관성 없고, 기준도 모호하며, 수직적으로 하달될 뿐만 아니라 공감하기 어려운 용어로 치장된 구호에 불과한 것은 아닌지 점검해야 할 것이다.

21세부터 72세까지 폭넓은 나이의 구성원이 모인 조직에서 인사 담당으로 일할 때 성과 보상의 공정성 제고, 적합 인재 채용과 육성, 일하고 싶은 근무 여건 조성, 적법하고 효과적인 교육훈련을 책임졌다. 가장 어려웠던 점은 다양한 구성원의 요구를 수렴하여 다수가 만족하는 제도를 설계하고 실행하는 것이 아니었다. CEO로부터 기획안을 결재받는 과정이었다. 안타깝게도 CEO의 의지에 따라 제도의 일관성은 가볍게 무너졌고, 직원들은 어느 장단에 춤을 춰야 할지 혼란에 빠지기를 반복했다. 게다가 중소기업에서는 흔한 광경이었기에 책임자로서 무력감을 느끼기도 했다.

제도와 문화가 일관성을 유지하기 위해서는 막대한 시간과 자본을 투입해야 한다. 구성원이 공통된 경험을 통해 미션과 비전을 이해하고 경영철학을 실천하도록 이끄는 과정에서 자생적으로 제도와 문화가 태어난다. 즉, 제도와 문화는 짧게는 몇 개월에서 길게는 몇 년 동안 전체 구성원이 같은 신념 아래 일관된 행동을 반복해야 관찰할 수 있는 진귀한 보물이다.

중소기업은 제도를 유지할 재무적 기반이 취약하다. 문화를 지탱할 심리적

---

26) 고광열, MZ세대 트렌드 코드(밀리언서재, 2021)

자본도 부족하다. 그런 탓에 제도와 문화가 성숙하기도 전에 사라지거나 무색해진다. 중소기업의 CEO는 중견기업 조직의 임원보다 바쁜 경우가 많다. 실무까지 포섭해야 하니 명함에 직함을 대표(사장)가 아닌 팀장(실장)으로 표기하는 사례도 자주 보인다. CEO가 바쁘면 그로부터 발생하고 전파해야 할 경영철학에 시대적 요구를 반영하지 못한다. 적절한 시기에 구성원 전체가 공감할 수 있는 언어로 공유하기도 어렵다.

이 같은 모습은 MZ세대가 원하는 기업과 거리가 멀다. 이렇게 열악한 제도와 문화를 가진 조직에 적을 두고 그들에게 소속감을 느끼며 역량을 마음껏 발휘하기를 바람은 캠핑장비 없이 야영하라는 것과 무엇이 다른가. 이런 대접을 받을 만한 처지를 비관하며 그저 자신의 무능을 한탄할 뿐, 그마저도 용기가 남았다면 바로 조직을 떠날 계획을 세울 것이다.

심리적 안전감을 느낄 환경을 제공하여 소속감을 불러일으키는 조직, 도전적인 목표를 달성하며 지속적으로 성장하면서 성취감을 느끼는 구성원. 모두가 원하는 바람직한 조직과 구성원의 모습이다. 경영진의 독단과 일방적 소통으로는 이뤄내기 어렵다. MZ세대를 포함한 전체 구성원을 포용하고 그들과 '함께' 건강한 조직을 만들어가야 한다.

조직의 제도와 문화에 '함께'의 가치를 구현하지 못하는 가장 큰 이유 중 하나는 권한을 독점하려는 경영진의 의도이다. 작은 조직일수록 비교열위에 있는 면을 드러내는데 솔직하기 어려운 까닭이다. 경영진은 약점을 드러내는 것이 두렵다. 약한 모습을 보이면 권위와 신뢰를 잃는다고 생각한다. 그러나 역설적으로 약점을 드러내지 않으려는 두려움은 경영진을 스스로 자신들만의 성안에 가둔다. 편협한 시각을 공고히 하고 경영진을 고립시킬 뿐이다.

약점은 인정하되 강점에 집중하도록 제도와 문화를 조성해야 한다. 중소기업의 열악한 현실은 조직구성원 모두가 알고 있다. 정보의 접근성이 높아졌기 때문에 숨기려 해도 금세 밝혀진다. 또 입소문은 얼마나 빠른가. 이제는 구성원이 가진 정보만으로도 경영상태를 파악하여 합리적인 선택을 하기에 충분하다. 경영진은 현실을 인정하고 대안을 찾아야 한다. 조직의 열악한 부분을 드러내되 강점을 살려 생존하고 경쟁하는 자구책을 모색해야 한다.

특히, 성과평가와 보상은 더더욱 구성원의 합의가 기본이다. 규칙은 지키려는 의지가 있을 때 존재할 가치가 있다. 규칙에서 지키려는 의지를 빼면 마치 자동이체를 해둔 고지서와 같이 의지는 없고 의무만 남는다. 성과평가는 합의한 기준과 절차로 약속한 시기에 진행한다. 보상은 금전적으로 투명하게 운영하고 개인의 성과에 대한 피드백을 기초로 다양한 형태로 제시한다. 무엇보다 성장 DNA를 자극하는 기회를 제공하도록 설계하면 좋다.

제도와 문화는 경영진의 경영철학을 담아내는 그릇이다. 직접적인 메시지보다 더 일관된 의지를 보여주는 매체이자 시스템이다. 이제 제도와 문화 속에 경영진의 철학과 더불어 구성원의 희망을 담아보자. 더욱 다양한 모양과 풍성한 생각이 담긴 그릇이 될 것이다.


### 3) 합의하지 않은 '일하는 방식'

일하는 방식은 구성원의 행동에서 선명하게 드러난다. 제도와 문화는 구성원 행동을 점점 선명하게 만드는 바탕이 된다. 에드거 샤인Edgar Schein은 빙산모형Iceberg Model을 통해 관찰할 수 있는 행동은 무의식이 발현된 것이라 설명했다. 일하는 방식을 확인하기 위해서는 업무 장면에서 관찰할 수 있는 행동을 구체적으로 살펴볼 필요가 있다.

구성원이 인식하는 일하는 방식의 수면 아래에는 제도와 문화가 숨겨져 있다. 성과 책임과 평가 기준의 모호함, 합의하지 않은 업무분담 또는 업무분담의 부재, 통합된 소통 채널의 작동 불능, 약속하지 않은 업무 규칙과 같은 것이다. 열거한 제도와 문화는 구성원과 합의하지 않은 채 준수하고 참여하기를 강요한다는 공통점이 있다.

조직의 업무는 철저하게 계약 관계로 시작하지만 사실 다른 계약과 비교하면 필요한 만큼 명확하게 세부 내용을 열거하지 못한다. 인사시스템을 체계적으로 갖추었다 해도 직무기술서에 조직이 요구하는 모든 작업 행동을 기재하지 못하는 한계가 있음을 인정해야 한다. 직무수행은 조직이 구성원에게 기대하는 매우 복잡하고 혼합된 행동의 총칭이다. 이에 관한 연구가 직무기술서에 명시된 역할인 과업 수행에 한정하지 않고, 맥락수행(또는 조직시민행동), 적응 수행, 혁신 행동, 인상 관리 활동 등으로 확장한 배경이기도 하다.[27]

다시 기본으로 돌아가야 한다. 직무기술서의 존재 여부와는 별개로 실제 업무에서는 R&R Role & Responsibility, 역할과 책임 부터 챙겨야 한다. 팀 단위에서는 팀 구성원들이 R&R을 숙지하여 부재중인 직원의 업무까지 파악해야 한다. 절차와 마감, 결과물과 그 수준(품질), 그리고 의사결정권자와 고객까지 알아야 팀 단위에서 원활하게 일할 수 있다. 팀의 구성원이 팀 단위 업무조차 파악하지 못한 상태에서 팀 안팎의 이해관계자와 협업하리라 기대하기는 어렵다.

---

27) 유영삼, 김명소.(2021). 과업수행, 맥락수행, 적응수행, 반생산적 업무행동 기반의 직무수행 모형 검증. 한국심리학회지 산업 및 조직. 34(3). 377-423.

현업에서 일 잘하는 구성원은 어떤 프로젝트를 담당하더라도 R&R을 가장 먼저 챙긴다. 팀의 R&R이 불분명한데 조직 차원에서 팀 사이에 R&R이 명확할 리없다. 경영진도 R&R이 선명해야 팀 사이의 업무 갈등을 줄이고 조직 전체의 업무효율을 높일 수 있다. 그러나 무 자르듯 단칼에 결정하지 못하는 것이 고민이다. 바로 경영상황이 수시로 바뀌기 때문이다. 이럴 때 가장 유용한 것이 경영진의 일관된 철학이다. 방침은 변경할 수 있다. 하지만 철학을 바꿀 때는 심각하게 고민하고 구성원의 의견을 충분히 수렴해야 한다. 자칫 일방적으로 결정하여 하달하는 형식을 취한다면 그 순간 MZ세대를 포함하여 조직구성원 전체의마음은 흩어진다. 리더십에 대해 언급한 바와 같이 구성원과 '함께' 해야 한다.한편, MZ세대 구성원이 자신들의 R&R만을 수행하겠노라 주장하기도 한다.여러 번 경험했던 일이지만 이에 대처하는 마음가짐은 조금씩 달랐다. 처음에는마음속으로 그들이 이기적이라고 힐난했다. 하지만 대안을 찾는 것이 조직에서일하는 프로다운 모습이 아닌가. 일부러 기회를 만들어 점점 더 그들이 팀 전체업무에 개입하고 간섭하도록 R&R을 강제했다. 그 결과는 참담했다. 업무 분담회의와 면담에서 반발하기도 하고, 순응하는 듯 보였으나 눈에 띄지 않을 정도로 태업을 일삼기도 했다. 성과 부진이 몇 주째 이어지며 팀의 사기도 떨어졌다.'합리적 개인주의'를 추구하는 MZ세대에 대한 이해가 부족했던 탓이다.

심기일전하여 업무 분담 회의를 다시 열었다. 그리고 어느 정도 동의하는 선에서 R&R에 대한 합의를 끌어냈다. 이어서 개별 면담을 통해 명시된 업무의 숨겨진 의미를 발견하도록 도와주었다. 나아가 변경되거나 추가된 업무를 담당함으로써 얻게 되는 기회, 성장하거나 확장할 수 있는 분야, 조직 안팎에서의 경력개발 가능성까지 탐색했다. 면담을 마치기 전에는 담당업무를 수행하는 데 필요한 지원이나 도움이 있는지 잊지 않고 확인했다. 이 과정에서 내, 외부 고객의 기준으로 담당업무를 수행한 결과물에 대해 서로의 기대를 확인할 수 있었고, 그 기대를 충족하기 위해 팀의 경계 안팎으로 연결된 업무 절차와 흐름을 이해하도록 설명했다. 그 결과, 팀원 모두가 합의한 R&R을 도출하였고 각자의 R&R에 집중하게 되었을 뿐만 아니라 팀원이 서로 동료의 R&R을 이해하고 기회가 있을 때마다 기꺼이 지원하려는 분위기를 만들었다.

R&R은 기획 직군보다는 운영 직군에서 더욱 중요하다. 기획 직군은 CEO의 의사결정을 받을 일이 많고 상대적으로 업무 결과물에 대한 피드백이 빨라서 직접지시에 신속하게 업무를 따라가기에도 벅차다. 반면, 운영 직군은 설정된 업무 조건에서 반드시 지켜야 할 절차를 충실히 수행하되 상황에 맞춰 유연하게 대처하는 요령이 필요하다. 이런 유연함은 지켜야 할 원칙이 있을 때 오히려 빛을 발한다. 원칙과 상황을 명확히 인지해야 주어진 조건에서 동원할 수 있는 자원이 무엇인지 파악하여 직면한 문제를 해결할 방안을 모색할 수 있기 때문이다.
MZ세대는 가치를 중시하기 때문에 경영철학에 누구보다 민감하게 반응한다. 공정성을 요구하기 때문에 성과 책임의 기준과 적절한 보상을 면밀히 살핀다. 일에 대한 통제감을 갖길 원하기 때문에 사내 규칙이나 제도, 정책 안에서 주도성을 발휘한다.

컨설팅 및 조사업체와 같이 기획 중심인 회사, 사업지원 서비스, 마케팅 대행 서비스와 같은 운영 중심의 회사, 그리고 이 둘의 조합인 제조업까지 다양한 업종의 회사에 근무하며 발견한 공통점이 있다. 비즈니스 특성과 관계없이 경영철학이 굳건하게 자리 잡고, 철학에 기반한 방침이 리더와 실무자까지 공유되어야 조직 전체가 기민하고 영리하게 움직인다. 경영철학의 맥이 끊기도록 리더십을 발휘하는 사람이 누구인지, 그 맥을 이어갈 제도는 당초 계획한 대로 작동하고 있는지 점검해볼 시점이다.

**PLAN 1** MZ세대의 조직 정착과 적응 지원 방안

MZ세대의 조직 정착과 적응을 지원하기 위해서는 우선 시대변화에 부합하도록 관점을 전환해야 한다. 올바른 관점을 갖추지 않은 채 우수 사례를 따라 하려는 벤치마킹에 주의해야 한다. 조직이 처한 경영환경과 보유한 자원을 고려하지 않은 방안일 수 있기 때문이다. 게다가 이를 낭만적으로 수용할 경우 기대하는 성과도 보장할 수 없다. 따라서 앞서 살펴본 리더십, 제도와 문화, 일하는 방식에 대중 처방하기보다는, 조직이 시대요구를 담아내기 위해 HR의 역할이 어떻게 달라져야 하는지를 먼저 논하고자 한다.

### 1) 관점 전환 : HR 기능중심에서 직원의 생애주기로

HRM과 HRD로 구분하는 전통적인 HR 기능의 경계가 모호해졌다. 인적자원 수레바퀴[Human Resource Wheel(McLagan, 1983)]로 알려진 HR 기능의 구분은 HR의 핵심 기능을 중심으로 재편되었다. 기존의 경직된 직무분류가 빠르게 변하는 트렌드를 쫓아가지 못한 까닭이다. 특히, HR기획, 채용, 안전보건, 복지는 그 기능이 하나로 통합되었다 해도 과언이 아니다. 이러한 움직임은 선도기업들이 HR 부서의 명칭을 바꾸는 추세에서도 엿보인다. 피플부스터팀[카카오모빌리티], People & Culture[이케아 코리아], Talent Team[EY한영] 등의 명칭에서 각 조직이 구성원에게 어떤 HR서비스를 제공하는지 짐작할 수 있다. 이는 조직이 구성원을 고객으로 대우

하려는 입장을 더욱 선명하게 보여주는 증거이기도 하다. 기존 HR이 채용-배치-교육-평가-보상의 주기로 접근하는 데 한계가 드러난 것이다.

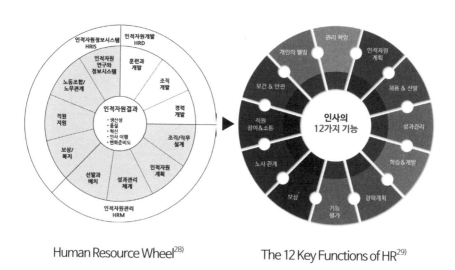

Human Resource Wheel[28]

The 12 Key Functions of HR[29]

구성원이 고객의 대우를 받으면서 고용관계의 주도성이 조직에서 구성원에게 넘어갔다. 그러면서 고객 경험을 관리하기 위해 도입했던 여정 지도를 구성원의 생애주기에 적용하기 시작한 것이 직원 여정Employee Journey이다. 직원 여정은 고객인 구성원이 조직과 만나는 접점을 생애주기에 맞춰 경험하도록 설계한다는 개념이다.

구성원의 경험을 중시하는 직원 여정의 도입은 채용 전, 후까지 HR의 실무 영역을 확장한다. 채용 전 단계는 구성원이 조직에 대해 적절한 수준의 기대감을 갖도록 하며, 채용 후 단계는 구성원의 조직 정착과 신규 유입에 영향을 미친다.

---

28) McGuire, D. (2011). Foundations of Human Resource Development.
29) https://www.aihr.com/blog/human-resources-functions/

직원 경험에 대한 준비와 마무리는 구성원이 조직에 대해 갖는 기대감을 적절한 수준으로 형성하도록 돕는다. 큰 기대를 하고 입사했으나 알려진 것과 다른 조직 생활에 적응하지 못하는 폐해를 방지하는 사전 조치로 이해할 수 있다.

직원 여정

| 고용 전 Pre-employment | 고용 중 Employment | 고용 후 Post-employment |
|---|---|---|
| ● 탐색 Search<br>● 지원 Application<br>● 면접 Interview<br>● 제의&수용 Offer & Acceptance | ● 합류 Onboarding<br>● 공헌 Contribution<br>● 개발 Development<br>● 성장 Growth | ● 분리 Separation<br>● 연결 Connection<br>● 재고용 Re-employment |

Employee Journey[30]

블라인드, 잡플래닛, 리멤버와 같은 경력관리 플랫폼에 축적된 정보만으로도 직원 경험에 대한 개선요인을 확인할 수 있다. 구성원을 대상으로 직접 조사하는 것과는 사뭇 다른 맥락의 이야기도 심심치 않게 보인다. 익명의 방패 뒤에 숨은 빅마우스라 치부하며 방치하기에는 고려할만한 담론이 꽤 많다.

작은 규모의 조직은 HR 자원이 부족하여 노무관리, 급여 정산 만으로도 허덕이는 경우가 많다. 조직이탈로 인력난을 겪고 있어 지금 당장 해야 할 일도 처리하지 못하는 실정이다. 그렇다면 우선 직원을 고객으로 바라보는 관점으로 전환하려는 노력만이라도 해보길 권한다. 특히, 경영진의 모든 메시지는 직원을 고객의 위치에 두고 전달하도록 힘써야 한다. 이것만으로도 조직문화는 구성원 친화적으로 바뀌기 시작하고, 조직 분위기가 한결 유연해질 것이다.

---

30) https://www.aihr.com/blog/employee-experience-guide/

## 2) 보상 스펙트럼 확장 : 심리적 안전감에서 시작하는 동기부여 노하우

보상은 일반적으로 금전적 보상과 비금전적 보상으로 구분한다. 보상은 구성원이 조직에서 계속 일하게 하는 유인Incentive이다. 보상을 어떻게 설계하고 제공하는지에 따라서 구성원이 그들의 역량을 쏟아내게 하는 동기부여의 정도가 달라진다.

MZ세대를 품으려는 조직은 어떻게 보상을 설계해야 할까? 우선 금전적 보상에서는 공정성이 화두다. 제도권 안에서 토너먼트를 거쳐 조직에 합류한 MZ세대는 투명한 평가 기준과 평등한 기회, 그리고 개인의 목표와 성취를 반영한 보상을 요구한다.[31] 그러므로 조직에서 금전적 보상을 결정할 때는 공정성, 투명성, 타당성을 보장하고, 상호합의를 전제로 제도를 운용해야 한다.

비금전적 보상은 자율성과 다양성에 초점을 두어야 한다. 자율성은 구성원이 선호하는 보상을 선택하도록 기회를 제공하는 것이다. 자기 계발을 선호하는 구성원에게 대학원 진학에 관련된 혜택만을 제공한다면 환영받지 못하는 보상이 된다. 또한 다양하지 않은 보상은 선택할 기회를 박탈하는 것과 다를 바 없다. 따라서 비금전적 보상을 설계할 때 구성원의 요구를 반영할 뿐만 아니라 스스로 계획하고 선택할 기회를 보장하는 것이 중요하다.

만약 '이 정도만 해줘도 감지덕지해야지'라고 생각한다면, 다시 한번 관점 전환을 점검해보길 바란다. 사실 아직도 다수의 조직은 공정성, 투명성, 타당성, 자율성, 다양성의 가치를 이해하지도 수용하지도 못한다. 상명하복의 위계적 문화에 익숙한 탓이다. 위계적 조직과 군림하는 리더가 MZ세대를 조직 바깥으로 서서히 밀어낸다. 그들이 떠난 후에 보상제도를 손보려 한다면 이미 늦다.

결론적으로 금전적 보상을 강화하기 어렵다면 비금전적 보상을 강화하는 데

---

31) 신재용, 공정한 보상(홍문사, 2021)

자원을 집중해야 한다. 최근 HR 영역에서 총보상 Total Reward 의 요소가 확장하는 추세를 따라잡아야 한다. 기본급, 성과급과 같은 금전적 보상과 교육 기회 제공, 직무환경, 복지프로그램과 같은 비금전적 보상으로 양분하는 기존의 보상 개념 으로는 부족하다. 보상 경쟁력을 제고하기 위한 투자는 총보상의 개념을 '일터 에서의 삶의 질'까지 아우르도록 확장하였다. 그 결과로 많은 조직이 법정 외 복리후생, 상사와 동료의 인정, 자기 계발과 같이 업무를 수행하는 과정의 만족감 을 높이는 비금전적 보상전략을 고안하여 폭넓게 전개한다.[32]

| 금전적 보상 | 복리후생 | 관계적 보상 |
|---|---|---|
| 기본급<br>성과급 | 법정 복리후생<br>법정 외 복리후생 | 상사 동료 인정<br>고용안정<br>자기계발 |

**총보상의 구성(한국노동연구원)**

소규모 조직은 총보상의 확장이 애자일 Agile 혁신과 연계된 변화임에 주목해야 한다. 애자일 혁신은 대규모 프로젝트를 수행하는 절차에 따라 소규모 프로젝트 를 추진할 때 낭비하는 자원을 줄이려는 목적으로 시작하였다. 애자일 혁신의 주 체가 구성원이었던 만큼 혁신의 내용도 구체적이었고, 업무에 매우 밀접한 변화 가 뒤따랐다.[33] 자연스럽게 일의 과정에서 세밀한 조치를 수반했는데, 그중 단연 화두는 비금전적 보상이었다. 높은 연봉을 받아도 밤새워 일하는 직원들은 돈을 쓸 시간조차 없었기 때문이다. 구성원들은 실제로 금전적인 보상보다는 일터에서 의 삶의 질과 같이 비금전적이며 더 밀접한 보상에 민감하게 반응했다.

32) 노세리, 김미희, 박지성(2018), 기업의 복리후생제도 발전방향 연구, 한국노동연구원
33) 아시아경제, 2022.02.19, '20년 역사' 애자일 혁신, 그동안 어떻게 운영됐나 살펴보니

한편, 애자일 혁신이 20여 년간 지속되면서 그 성공 요인이 속속 밝혀졌다. 그 성공의 기저는 '실패를 용납하는 문화'와 이를 군건히 뒷받침하는 '심리적 안전감'이었다. 심리적 안전감은 과감한 도전을 하도록 용기를 북돋고, 새로운 것을 학습하는 데 주저하지 않게 하며, 긴밀하게 소통하도록 장려했다.

그러나 위계 문화를 가진 조직에서는 애자일 혁신이 기대만큼 작동하지 않았다.[34] 위계적인 조직은 빠른 의사결정과 단기적 결집력을 끌어내는 데 유리하지만, 심리적 안전감을 낮추는 조직 풍토를 조성하기 때문이다. 게다가 위계적인 조직은 변화에 대한 피로감이 가중되었을 때 회피 동기를 자극하여 조직이 학습하는데 부정적 영향을 미쳤다.

조직의 리더가 위계적 문화를 고집하는지, 자신이 속한 조직의 문화는 어떤지 살펴보자. 위계적 문화의 조직에서 MZ세대는 리더와 멀어지고 소통이 원활하지 않을 것이다. 소통할 수 없는 리더는 구성원의 심리적 안전감을 낮추는 주요 원인이다. MZ세대는 위계적인 리더와 조직을 떠나는 것이라 해도 과언이 아니다. 그렇다면 지금까지 어떤 보상전략으로 MZ세대를 조직에 남도록 유인해 왔는가? 조직이 구성원을 동기부여 하기 위한 보상으로 금전적인 사항만을 고려해 왔다면 MZ세대와 함께 오래도록 일하는 데 실패할 수밖에 없었을 것이다. 그들은 이제 금전적 보상에 만족하지 않는다. 무조건 따르라는 리더와 소통하기 어려운 문화의 조직을 떠나 심리적 안전감을 기반으로 개별적인 보상을 제공하는 조직을 찾아갈 것이다.

심리적 안전감을 조직 장면에서 만들어 낼 방안을 제시한다. 구성원의 반짝거리는 눈빛을 월급날에만 보고 싶지 않다면, 『최고의 팀을 만드는 심리적 안정감』의 저자 김현정 교수가 제안하는 동기부여 노하우 7가지를 실천해보길 바란다.[35]

---

34) 한경비즈니스, 2019.01.21, 성공적인 '애자일 전환'의 3가지 조건
35) 김현정, 2020.09.22, 조직을 살리고 혁신을 이끄는 힘, 심리적 안전감(HR INSIGHT)

- 금전적 보상을 앞세우지 마라
- 자유시간을 보장하라
- 즉각적인 피드백과 작은 보상을 주어라
- 조직에 의미 있는 사람임을 주지시켜라
- 프로세스를 명확히 하라
- 교육기회를 확대하라
- 모두와 끊임없이 소통하라

MZ세대를 동기부여 하려면 보상의 스펙트럼을 확장해야 한다. 금전만이 보상이 아니라는 점을 이해하자. 개인은 모두 관심 분야, 추구하는 욕구의 종류와 강도, 결핍의 대상과 수준이 다르다. MZ세대는 개인에 맞춘 듯한 보상을 요구하기 때문에 보상을 다양하게 제시해야 한다. 다양한 보상을 꾸릴 아이디어가 없다면 그들에게 직접 물어보자. 보상을 설계할 때 MZ세대의 요구를 적극 반영하려는 모습을 보이면 그들도 흔쾌히 의견을 개진할 것이다. 구성원이 직접 참여하여 설계한 보상을 개별적으로 혜택 받도록 제공할 때 그들은 각자의 강점을 온전히 발휘할 동기를 발견할 것이다.

> **PLAN 2** MZ세대를 가슴 떨리게 하는 조직을 만드는 방법

## 1) MZ세대를 가슴 떨리게 하는 조직의 특징

MZ세대를 가슴 떨리게 하는 조직은 구성원이 자신의 강점을 마음껏 발휘하며 가장 빛날 수 있도록 장려한다. 조직행동학의 대가 대니얼 M. 케이블 Daniel M. Cable 은 이러한 조직이 구성원의 탐색 시스템을 활성화하는 점을 발견했다.[36] 탐색 시

---

36) 대니얼 M. 케이블(이상원 옮김), 그 회사는 직원을 설레게 한다(갈매나무, 2020)

스템은 세계를 탐험하고 환경을 학습하며 주변에서 의미를 추출하는 자연스러운 충동을 만들어 낸다. 이를 따를 때 자연스럽게 동기부여가 되고, 더 많은 탐험과 학습이 일어난다.

반면, 공포 시스템은 탐험하고 실험하고 학습하는 구성원에게 미지의 세계에 대한 두려움, 실패에 대한 비용부담, 잘 해내지 못할 것이라는 무기력을 학습시킨다. 탐색 시스템을 활성화한 조직에서 일하고 싶은가, 공포 시스템이 작동하는 조직에서 일하고 싶은가? 답은 자명하다. 이제 조직을 긍정적이고 생동감 있게 만들고 구성원의 열정과 몰입을 깨워 조직 혁신을 가속하는 탐색 시스템에 집중해보자. 탐색 시스템은 3가지 요소로 자극할 수 있다. 첫째, 자기표현은 조직에서 구성원이 특정한 역할을 가지고 구성원 강점을 살려 고유한 능력을 발휘하는 것이다. 이는 구성원이 자신의 역량을 성장시키면서 변화하는 상황에 적합한 방식으로 발전하도록 촉진한다. 둘째, 실험은 민첩성, 회복탄력성, 적극성을 바탕으로 새로운 것을 탐구하는 학습의 과정이다. 나아가 리더가 섬김의 리더십을 발휘할 때 구성원은 더욱 창의성을 발휘하게 된다. 셋째, 목적의식은 구성원이 조직 안에서 자신의 역할과 그 존재 이유를 스스로 발견함으로써 북돋워지는 내적 동기부여다. 목적의식은 개인에게 맞춤화할수록 강화된다. 리더는 구성원이 스스로 행동의 이유를 발견하고 자신의 영향력을 목격하도록 도움으로써 조직에서 자신의 이야기를 만들며 소속감을 고취하고 자신만의 목표를 설정하게 할 수 있다. 탐색 시스템을 적용하여 정착 과정_onboarding process_을 수립하려면 구성원들을 기존 조직문화에 적응시킬 방법을 강구하기에 앞서, 구성원 개개인의 정체성을 강조해야 한다.[37] 예를 들면, 독창적인 그래픽 디자인에 강점이 있는 구성원이 메신

---

37) 동아비즈니스리뷰, "당신은 소중한 루키" 개인 정체성 살리는 오리엔테이션을…132호(2013년7월 Issue 1)

저로 일할 때 기존과 같이 텍스트 중심으로 전달하도록 강제하지 말고 보고나 공유할 자료를 시각화하여 전달할 수 있도록 기회를 주는 방식이다.

또한 구성원이 오래도록 조직에 정착하고 직무에 몰입하게 하려면, 조직이 제공하는 근무환경에서 업무를 수행할 때 자신의 강점을 활용하도록 장려해야 한다. 조직은 구성원에게 구체적인 행동을 요구하지만 정작 구성원 자신은 그 행동을 하는 이유를 스스로 깨닫기 어려울 뿐만 아니라 자신의 강점을 온전히 발휘할 수 있는지를 알기 어렵다. 조직은 구성원이 자신의 강점을 스스로 발견하도록 돕고 그 강점에 적합한 직무에 배치하거나 강점을 발휘하는 방식으로 일할 수 있도록 지원해야 한다. 창의성이 강한 인재에게 반복적인 업무를 부여했을 때 반복적인 업무를 잘하도록 지도할 것이 아니라 반복적인 업무를 새로운 방법, 절차, 도구 등을 활용하여 획기적으로 혁신하도록 장려하라는 것이다. 구성원이 그들의 강점을 온전히 발휘하여 더 나은 성과를 창출하는 조직으로 나아가야 한다.

이미 많은 조직이 HR영역에서 MZ세대를 표적 하여 다양한 시도를 하고 있다. 그 사례들은 과거 어느 때보다 넓고 빠르게 알려지고 있다. 하지만 무턱대고 선도기업의 사례를 벤치마킹하여 도입하다가는 역효과가 날 공산이 크다. 조직마다 사업모델, 조직구조, 주요 업무, 고객, 관련 법령 등 처한 상황이 다를 뿐만 아니라 문화, 풍토, 분위기 등 눈에 보이지 않지만 깊게 자리 잡고 있는 고유한 자산이 있기 때문이다.

아울러 벤치마킹할 때는 각별한 주의가 필요하다. 벤치마킹은 새롭고 신선한 아이디어를 얻고, 우수한 부분을 발견하는 좋은 수단이지만, 그 사례에서 진정으로 배워야 할 점은 따로 있다. 바로 벤치마킹의 대상들이 놓쳤던 것은 무엇이며, 그중 조직에서 구현할 수 있는 것이 있는지 탐색하고, 이를 도입할 때 예상되는 장애가 있는지를 살펴야 한다.

다양한 대안을 실행하기에 앞서 조직과 구성원 모두는 이를 실행할 동기를 상기하고 필요성에 대해 똑같이 인식해야 한다. 훌륭한 방안이 있다고 해도 동기가 확고하지 않은 상태에서는 일회성 이벤트에 그쳐 아쉬웠던 기억이 많다. MZ세대를 가슴 떨리게 하는 조직을 조직과 구성원이 함께 만들어 가보자.

## 2) 소규모 조직을 위한 MZ세대 가심비 프로그램

가치를 중시하는 MZ세대는 가심비를 선호하는 경향이 뚜렷하다.[38] 소규모 조직일수록 가심비 프로그램을 도입하여 MZ세대가 소구하는 핵심을 간파해야 한다. 자원이 부족하지만 마음을 얻을 만큼의 투자는 필요하다. 재직했던 5개 조직에서 직접 운영했고, 11개 조직에 컨설팅하여 성과를 거둔 프로그램을 모아 〈표2〉와 같이 정리하였다.

사실 확인에서 파악한 문제점에 대응한 처방으로써 리더십 개발, 제도와 문화의 개선, 일하는 방식의 혁신으로 구분하였다. 또한, 빠르게 실행 여부를 검토할 수 있도록 최소한의 운영비용을 제시하였다. 조직의 여건에 맞게 취사선택하고 수정, 보완하여 시행하기를 권한다. MZ세대의 마음과 연결되고자 하는 진정성이 있다면 소기의 성과를 거둘 것이다.

---

38) 시사저널, 2022.04.04, '가성비' 보다 '가심비' 선호 뚜렷한 MZ세대.

## 〈표2〉 MZ세대 가심비 프로그램

| 주제 (THEME) | 관계 (WHO) | 목적 (WHY) | 내용 (WHAT) | 운영 (HOW) | 비용 (COST) |
|---|---|---|---|---|---|
| 리더십 개발 | 경영진 ↔구성원 | ·경영철학 공유 (구성원 고객 관점) | "Talk & Talk" ·DEI & B[39], EVP[40], 경영참여 등 최신자료 학습, 적용 논의 | ·별도 게시판 운영(기본), ·대면/비대면 회의(필요 시) -경영진: ±15분, 월1회 이상 -구성원: ±15분, 자유로운 의견 개진 보장 | (회의 시) ·인건비 30 분*참가인 원/회 |
| | | ·업무집중 해소 ·리프레시 | "Work@Out" ·워케이션 | ·리조트 숙박 지원(최대 3일) - 자율업무 또는 휴식 - 대상 : 임원 또는 핵심인재 - 분기 1회 기준, 필요 시 수시 | ·100만원/ 인/회 |
| | | ·신뢰 형성 ·관계 개선 | "Non-Official" ·1:1 면담 | ·부서 단위 교외 카페 방문, 업무 및 휴식 중 순차 면담 - 월 1회, 반일(오후) 운영 ※ 여유롭고 예쁜 장소 필수 ※ CEO의 대화기술이 핵심 | ·50만원/회 |
| 제도와 문화 개선 | 리더 ↔팔로워 | ·관계 개선 | "Be a Coach" ·코칭 프로그램 ·대화 훈련 | ·리더 : 코치 자격 취득, 대화훈련 학습 지원(필수) | ·100만원/ 인 |
| | | | | ·팔로워 : 코치 자격 취득(선택) ·대화훈련 학습 지원(필수) | ·30만원/인 |
| | 리더 ↔구성원 | ·조직/업무 이해 ·조직 정착 촉진 | "Welcome Onboard" ·온보딩프로그램 | ·개별 : 회사소개, 업무절차 관련 자료 제공(입사 당일) ·소그룹 : 전체 부서 소개, 밍글링 디너(10명 내외, 분기 1회) ·대그룹 : 담당직무 소개 및 개선안 발표, 직무적합도 진단, 조직문화 관련 의견 수렴, 경력 상담(연 1회) | ·50만원/인 |
| | | ·직무 만족 도 제고 ·보상 수용 성 향상 | "Access the Assessment" ·평가/보상 설명회 | ·자료 공지(상시/수시, 게시판) ·성과평가 기준/절차, 보상 규정 설 명회(30분 이상/회, 연 1회 이상) | (설명회) ·인건비 30 분*참가인 원/회 |

39) 'Diversity, Equity, Inclusion & Belonging'의 약자로 다양성, 평등, 포용 그리고 소속감을 뜻하며, 2020년 SHRD, 하버드비즈니스리뷰 등이 DEI에 직원 감정에 기반한 '소속감(B)'을 추가하면서 대두됨.
40) Employee Value Proposition의 약자이며 직원가치제안을 뜻한다. 2001년 발간한 〈인재전쟁〉에서 제시한 개념으로 채용브랜드를 구축하는 시작점이며, 조직이 구성원에게 제공하는 경험을 통칭한다.

| 주제<br>(THEME) | 관계<br>(WHO) | 목적<br>(WHY) | 내용<br>(WHAT) | 운영<br>(HOW) | 비용<br>(COST) |
|---|---|---|---|---|---|
| 일하는<br>방식<br>혁신 | 구성원<br>↔구성원 | ·역량 향상<br>·경력 개발 | "Learning Milestone"<br>·학습조직(직무) | ·진학, 자격증, 외국어 등 승진 관련 자격 취득을 위한 학습조직 운영 지원 | ·10만원/<br>인/월 |
| | | ·학습 촉진<br>·관계 개선 | "Readers' Room"<br>·독서토론 | ·월 1권 도서선정 및 배포 도서 후기 공유 및 아카이빙<br>·관심 주제 토론회 개최 요청<br>-월 1회, 연 12회 이내 운영 | ·도서구매 2만원/인/월<br>·토론회 10만원/회 |
| | | ·상호 학습<br>·관계 개선 | "Meet a Mentor"<br>·크로스멘토링<br>(멘토링 & 리버스멘토링) | ·멘토(경영진&부서장):멘티(구성원) 1:1 매칭<br>-주제 자유, 근무시간 중 2시간 이내 식사, 티타임 지원<br>-월 4회(2회 필수) | ·10만원/<br>그룹/월 |
| | | ·조직생활<br>·적응 지원 | "On Buddy"<br>·버디 매칭 | ·입사자-버디직원 1:1 매칭<br>-신규입사자 : 3~12개월차 매칭<br>-경력입사자 : 동일 직급 이상 매칭<br>※동일 성별 매칭 원칙<br>※버디에게 성과책임 부여 | |
| | | ·관계 개선<br>·리프레시 | "Out of Office"<br>·자율 회식 또는 야유회 | ·참가자가 자유롭게 기획하는 부서 단위 야유회 지원<br>(교외 카페, 캠핑, 밍글링 디너 등),<br>-분기 1회 | ·10만원/인<br>/회 |

## PLAN 3 　리더가 지켜야 할 3가지 계약

조직을 이끄는 리더는 인재 욕심이 많다. 유능한 인재를 영입하여 탁월한 성과를 내고 싶다. 그와 함께 일하며 조직도 성장시키고 부와 명예도 쟁취하고 싶다. 성공을 향한 열망이 뜨겁다. 하지만 현실은 어떤가? 시간도 없고, 돈도 없다. 마음에 쏙 드는 인재는 더더욱 없다. 혼자 일하는 것 같고, 같이 고민해줄 파트너가 없어 늘 외롭다.

리더는 구성원을 가르치며 일도 시키고, 자신의 일까지 처리하기 급급하다. 일 잘하는 구성원이 있기는 하지만, 챙겨야 할 구성원이 더 많다. 판매하는 상품과 서비스의 스펙을 숙지하지 못하고, 관련 법령과 규정, 업무절차도 모른다. 심지어 업무에 필수적으로 사용하는 프로그램의 기능에 익숙하지 않아 기대하는 속도에 미치지 못한다. 답답한 마음에 여기저기 하소연하고 도움도 청해보지만 뾰족한 해결책은 없어 보인다.

이런 현실을 누구보다 잘 이해하기 때문에 조직의 리더에게 많은 자원을 투자해야 하는 제도, 컨설팅, 프로젝트, 프로그램을 도입하라고 제안하기가 부담스럽다. 중소기업 혹은 소규모기업이라면 더욱 부담된다. 그래서 MZ세대를 포용할 수 있는 가장 효율적인 방안으로 리더 자신이 먼저 변할 것을 강조한다.

이제 조직의 장면을 면밀히 관찰해보자. 자신조차 의식하고 보지 않으면 기억할 수 없었던 자신의 모습을 봐야 할 때이다. 구성원의 나이, 성별, 학력, 출신 지역 등을 이유로 차별하지는 않았는지, 폭력과 희롱을 하지는 않았는지, 인격체로 존중하고 있는지, 구성원의 능력을 문제 삼더라도 그를 올바르게 지도했는지 말이다.

구성원은 사회계약, 거래계약, 심리계약을 기반으로 조직에 합류한다. 사회계약은 대한민국 국민으로서 가지는 권리(자유, 평등, 참정, 청구, 사회, 행복 추구)와 의무(교육, 근로, 납세, 국방, 환경보전)를 규정한다. 거래계약은 근로계약과 취업규칙에서 정한 권리와 의무로 한정한다. 그리고 심리계약은 조직과 구성원의 묵시적 계약으로 당사자들의 상호 권리와 의무를 정의한다. 이 세 가지 계약으로 자신이 속한 조직의 현황을 점검해보자.

사회계약의 측면에서는 각종 불법, 탈법, 편법으로 준수되지 않는 사례를 많이 경험했다. 그래서 국가 차원에서 위반하기 쉬운 사항을 묶어 5대 법정의무교육을 실시하도록 강제한다. 횡령, 배임 등 범죄를 저지른 조직과 구성원은 관련 법에 따라 처벌한다. 거래계약은 신의성실의 원칙이 무색할 정도로 위반됐다. 근로계약에 명시된 근로 시간은 당연한 듯 지켜지지 않아 왔다. 아직도 부당해고와 임금체불로 고통받는 이들이 적지 않다. 구성원은 소확횡(작지만 확실한 횡령), 월급루팡으로 일컬어지는 횡령과 태업에 대한 죄책감이 무뎌졌다. 구성원의 커뮤니티에서는 이런 염치 없는 행동을 오히려 응원하고 지지하기도 한다.

심리계약은 보상의 공정성과 수용성, 직업 안정성, 직무와 경력에 대한 전망, 교육 기회, 구성원 간의 관계, 조직의 사회적 이미지 등에 영향을 받는다. 심리계약은 긍정적인 영향보다 부정적인 영향이 훨씬 더 빠르고 널리 퍼진다. 부정적인 영향을 최소화하기 위해서는 조직과 구성원 사이에 강한 신뢰 관계를 구축해야 한다. 그러나 심리계약은 암묵적인 형식으로 존재하기 때문에 조직과 구성원 모두에게 명시적으로 관찰, 관리하려는 대상이 아니었다.

그러나 이제는 심리계약에 관심을 두고 관리를 시작해야 할 때이다. 경영진의 메시지가 일관되지 않아 신뢰성을 잃게 되면, 구성원들은 조직이 심리계약을 위반할 것으로 예측하고 업무에 몰입하지 않으려는 의도가 커질 것이다. 이러한 분위기가 팽배해지면 구성원의 집단행동으로 확산할 위험도 커진다. 경영진의 메시지는 제도나 정책, 보상, 근무환경 등으로 구현되고, 구성원의 인식, 기대, 의무감, 비교, 신뢰 등으로 수용된다.

심리계약이 위반되면 당장 근로계약을 해지하지는 않겠지만 이직 의도가 높아진다.[41] 이는 '불안'이라는 감정에 기인한다. 실패로 인해 비난받는 조직이라면 구성원이 심리적 안전감을 느끼는 데 어려움을 겪을 것이고, 업무에 몰입할 수 없게 된다. 따라서 리더는 성과를 관리하는 차원에서 구성원의 마음 상태까지 살펴야 할 필요가 있다. 그리고 조직은 리더의 관리영역이 확장되었음을 인정하고 그 책무를 다할 수 있도록 아낌없이 지원해야 할 것이다.

---

41) 유천상, 정수진(2017), 심리적 계약위반이 이직 의도에 미치는 영향: 조직신뢰의 매개 및 정서의 조절효과를 중심으로, 상업교육연구 Vol. 31(4), pp1-22.

# CHAPTER
# 5

MZ세대를
경험한 17人

성공적인
조직문화를 위한
솔루션 Tips!

# MZ세대
# 몰입을 위한
# 조직문화 구축 방법

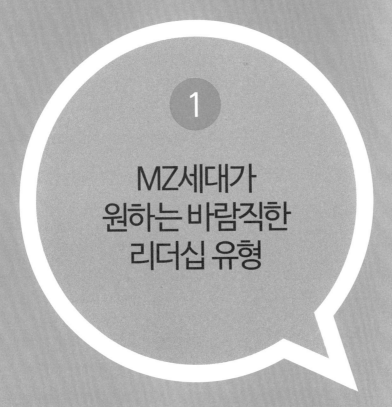

# 1

# MZ세대가
# 원하는 바람직한
# 리더십 유형

## 홍규원
### 필레오 코칭센터 대표코치

필레오코칭센터 대표로 기업에서 오랫동안 인사·교육 분야에서 기업 내 채용 및 성과관리, 학습조직, 멘토링, 직무분석 뿐만 아니라 팀장 그룹코칭, 구성원 개인코칭을 진행했다. 현재 한국코치협회 KPC 인증코치로 활동하고 있으며, 숭실대학교 교육대학원에서 평생교육, HRD를 전공했다.

# 1

## MZ세대가 원하는
## 바람직한 리더십 유형

### ● MZ세대가 원하는 것

최근 1~2년 사이에 출간된 책들의 특징은 이제 MZ세대의 만형인 80년대 초반 생들은 어떻게 조직에서 팀장 또는 신임원으로 조직을 리딩해 나가야 할 것인가에 대한 질문에 다양한 방식으로 해답을 내놓고 있다. 그러나 이러한 다양한 방식의 해답을 내놓기 전에 먼저 MZ세대의 특징을 이해할 필요가 있다. 그리고 MZ세대가 조직에서 '진짜' 무엇을 원하는가에 대해 이해한다면 그들에게 맞는 리더십의 모습도 나올 수 있다. MZ세대는 기본적으로 다양성을 인정하기 때문에 자신의 취향을 존중받고 싶어 하는 만큼 타인의 취향 또한 존중하고 다른 세대보다 일과 삶의 균형을 중시하며, 일의 성과에 대한 공정한 보상을 받기 원한다. 2021년 MZ세대와 성과급 논란이 있었다. 한 대기업 직원의 이메일에서 촉발된 성과급 이슈는 타 대기업으로 전반으로 확산되었다. 성과급 이슈를 제기한 세대가 MZ세대였다. 이들이 조직의 절반을 넘어가면서 그동안 관행처럼 참아왔던 성과급 이슈에 대해 반발 정도로 치부될 수 있지만 정말 MZ세대가 성과급 문제로 반발했던 근본적인 이유는 공정성과 투명성이다. MZ세대는 성과급을 정한 기준이 어떠한지, 나의 예상과 어떤 부분에서 차이가 있는지 투명하게 알고 싶어 한다. MZ세대를 동기 부여하기 위해 성과급, 인사고과와 같은 외적 보상뿐 아니라 근본적으로 성취감, 자율성 같은 내적 보상도 더 가치 있게 여기는 세대이다.

MZ세대는 가치 기반의 소비를 중시한다. 돈쭐, 플랙스, 미닝 아웃 등이 대표적인 가치 중심 소비 형태라고 할 수 있다. MZ세대의 새로운 소비 트렌드 중 하나인 미닝 아웃Meaning Out은 Meaning 그리고 Coming Out이 결합한 용어로 평소에 잘 드러내지 않던 자신만의 가치관과 신념을 소비를 통해서 표출하는 것을 말한다. 지금 기업의 화두인 ESG경영에 가장 맞는 세대라고 할 수 있다. 그만큼 가치와 의미가 있다면 과감하게 실행하고 그것이 선향 영향력이라고 생각하기 때문이다. 또한, 신기술에 친숙하고 SNS로 자신의 가치관을 과감하게 표현하는 세대이다.

이처럼 기업은 MZ세대의 이러한 특징들을 충분히 이해하고 이를 통해 MZ세대가 조직의 리더로써 성과를 낼 수 있는 조직 시스템 및 조직문화를 만들어 가야 하며 이러한 조직을 리딩하는 세대로 MZ세대를 충분히 활용할 수 있어야 한다. 그러기 위해서는 첫째는 구성원을 판단하지 말고 있는 그대로 인정하는 것이 필요하다. 누구나 자신의 경험과 생각을 기준으로 상대를 평가한다. 살면서 자아중심성은 상황을 빠르게 판단하는 데 매우 중요한 기제이지만, 조직적으로 나와 다른 사람을 평가하고 배제하는 이유가 되기도 한다. MZ세대가 보이는 업무방식, 추구하는 삶의 태도, 가치관이 나의 사고나 경험과 다르다는 이유로 비난하거나 가르치려 하지 말고, 있는 그대로 받아들여 주고 왜 그런 방식으로 생각하고 행동하는지 호기심을 갖고 관찰하는 것이 필요하며 이러한 태도를 통해 MZ세대와 더 깊이 소통할 수 있을 것이다.

둘째는, 신뢰와 존중 속에 일을 위임하는 것이 필요하다. 조직에서 자신의 역량을 알아주지 못한다고 느끼는 MZ세대는 조직에 대한 충성도와 몰입이 크게 낮아질 수 있다. 또한 정신적 스트레스를 가중시키는 요인 중 하나가 자율성의 부족이다. 내가 맡은 일을 내가 계획하고 통제할 수 있다고 느끼는 자율감이 스트레스를 줄이고, 일의 효능감을 높이는 데 필수적이다. 그러므로 기존 세대가 보기에 MZ세대의 경험이 비록 부족할 수 있지만, 잠재된 역량을 믿어주고 적절한 책임감 속에 일을 위임한다면 기대 이상의 열정으로 일에 몰입할 것이다.

셋째는 뛰어난 능력을 가진 많은 리더들이 후배들에 대한 피드백을 아낀다. 함부로 칭찬하면 좋은 고과를 기대할까 봐 말을 아끼고, 자기 기준에서 볼 때 아직 부족해 칭찬하지 않기도 한다. 혼내지 않으면 칭찬으로 알면 되니 굳이 낯간지러운 말도 하지 않는다. 이런 행동은 MZ세대 구성원에게 잘못된 시그널을 주기 쉽다. MZ세대는 언어로 표현된 진심을 원하는 세대이다. 자기 일에 대한 소통을 원하고, 성장을 위한 피드백을 원한다. 그것이 없을 경우 조직이 자신에 대해 관심 없다고 여기기 쉽다. 리더로서 조직 전체의 보상체계를 단독으로 변경할 수는 없지만, 내가 맡은 조직에서 칭찬과 피드백의 문화를 시작하는 것은 얼마든지 가능하다. 이심전심의 스타일이 아닌, 분명하고 빠른 피드백, 결과뿐 아니라 과정에 대한 인정을 리더가 표현할 때 MZ세대에게 확실한 동기부여가 될 것이다. MZ세대에 맞는 리더십은 무엇인지 설명하기 전에 전통적 리더십 이론과 현대적 리더십 이론에 대한 이해가 필요하다.

● 전통적 리더십과 현대적 리더십의 이해

리더십의 정의를 몇 가지 언급해보면 Hersey & Blanchard는 리더십은 주어진 상황에서 개인이나 집단의 목표 달성을 위한 활동에 영향을 미치는 과정이라고 했고 Lord & Mather은 리더십이란 특정 개인이 다른 사람들에 의해서 리더라고 인정받는(또는 지각되는) 과정, 일정한 직위를 가지고 있기 때문에 리더가 되는 것이 아니라 다른 사람들로부터 리더라고 인정받는 것이 중요하다고 설명했다. 다시 말해서 리더십이란 일정한 상황에서 목표 달성을 위하여 개인이나 집단의 행동에 영향력을 행사하는 과정이라고 말할 수 있겠다.

리더의 다양한 조건들이 있겠지만 필자는 간략히 3가지 조건에 대해서 언급하자면, 첫째, 비전이 있어야 한다. 즉, 조직이 가야 할 방향을 다른 사람보다 더 정확히 알고 이를 제시할 수 있어야 한다 둘째, 신뢰가 있어야 한다. 즉, 조직구성원으로부터 인간적인 신뢰를 얻을 수 있어야 한다. 셋째, 충성과 지지가 있어야 한다. 즉, 목표실현을 위한 구성원의 열성과 행동의 전폭적인 지지를 얻을 수 있어야 한다.

리더십의 유형들 중 몇 가지 이론에 대해 살펴 보면 전통적 리더십 유형으로 세 가지 이론 즉, 특성이론, 행동이론, 상황 이론이 있다.

첫 번째는 리더십의 특성이론은 리더십 연구에 있어서 가장 오래된 역사를 가지고 있는 이론이다. 사회나 조직체에서 인정되고 있는 성공적인 리더들은 어떤 공통된 특성을 가지고 있다는 전제 하에 이들 특성을 집중적으로 연구하여 이를 개념화한 이론이다. 특성이론을 연구하는 학자들은 리더십의 유효성과 관련된 개인들의 특성이나 속성이 무엇인가를 밝히고 이러한 특성을 리더십의 주요 결정요인이라 규정했었다. 다시 말해서 성공적인 리더의 지능적, 성격적 그리고 육체적 특성이 리더십에 영향을 미친다는 이론이다. 그러나 특성이론은 모든 리더들을 동일하게 특성화 하였다는 한계를 갖고 있다. 주요 문제 몇 가지 문제 중 리더십의 효율성 측면에서 리더의 특성뿐만이 아니라 부하의 특성도 과업의 성격을 비롯하여 많은 상황적 요소에 의하여 결정된다는 것이다.

두 번째 리더십의 행동이론은 리더의 행동을 분석함으로써 리더십 현상을 이해하려는 이론으로 리더에게 요구되는 역할을 조직의 성격, 상황, 조직 성원의 인성 등에 따라 달라질 수 있지만, 조직 형성과 과정 또는 목표수행 과정에 있어서 많은 정보를 제공하는 선도적 행동을 통하여 다른 구성원들로부터 인정을 받게 되고 리더로서 역할에 리더십이 결정된다는 이론이다. 리더의 행동 스타일과 이로 인한 성과, 즉 집단의 생산성과 집단 구성원의 만족감 등이 행동이론의 중요 변수가 되고 있다. 그러나 리더십 행동이론의 몇 가지 문제점 중에서 리더십 과정에는 리더의 행동 스타일 이외에도 많은 변수들이 작용하고 있으므로 리더십의 효과는 현실적으로 리더의 행동보다는 이들 상황적 변수에 의하여 결정되는 경우가 너무나 많다. 따라서 리더십에서 작용하는 조직체의 상황적 변수를 고려하지 않고서는 효율적 리더 행동에 대한 결론을 내리기가 매우 어려운 것이 행동이론의 한계이다.

세 번째 리더십의 상황 이론은 부하의 행동적 특성, 리더와 부하와의 관계에서 주어진 과업의 특성, 조직구조의 성격 등에 초점을 두고 구체화한 이론이다. 이들은 변수들의 특성과 리더들의 스타일간의 관계를 체계적으로 설명하고 있다. 상황이론은 이들 요소를 중심으로 리더십 상황을 유형화하고 리더십 과정에서 이들 요소의 역할과 리더십의 효과를 분석한다. 다시 정리하면 특성이론은 리더의 특성과 자질 중시 즉, 리더는 태어나는 것이지 만들어지는 것이 아니다. 게다가 자신만이 가지고 있는 우수한 자질이나 특성만 있으면 자신이 처해 있는 상황이나 환경이 변하더라도 언제나 효과적인 리더가 될 수 있다는 이론이다. 행위이론은 리더의 행동중시 리더가 권위적인지 민주적인지 아니면 자유방임형 즉, 구성원이 원하는 것을 허용하는 행동 유형인지에 따라 다양한 리더의 유형이 발생할 수 있다는 이론이다. 마지막으로 상황이론은 리더가 처한 상황의 중시 즉, 허쉬와 블랜차드의 상황이론에 따르면 리더는 구성원의 태도나 행동을 보고 성숙도를 감지하여 적절한 리더십을 선택하여 발휘하면 된다는 이론이다.

현대적 리더십 이론이 많이 있지만 여기서는 거래적 리더십, 변혁적 리더십, 서번트 리더십, 코칭 리더십에 대해서만 언급하고자 한다. 거래적 리더십에서 리더의 역할은 원하는 결과가 무엇인가를 하급자에게 주지시키고 목표 달성에 따라 어떤 보상(또는 벌)을 받게 되는지를 명확히 해주고 구성원들의 욕구가 무엇인지를 정확히 파악하여 리더 자신이 원하는 결과와 구성원들이 원하는 보상을 거래하는 것이다. 변혁적 리더십은 하급자로 하여금 자신의 관심사를 조직발전 속에서 찾도록 영감을 불러일으켜 주며 새로운 창조와 혁신을 위한 비전을 제시하고 리더는 환경변화에 민감한 대처와 모험과 도전의 수행, 신념과 이상에 대한 확신, 조직구성원에 대한 신뢰감을 제시한다.

서번트 리더십은 최고관리자가 조직에서 군림하지 않고 구성원들을 섬기며 그들이 일을 잘 수행 할 수 있도록 적극적으로 동기부여를 하면서 리더십을 발휘하는 것이다. 다른 구성원들이 정신적 육체적으로 지치지 않도록 환경을 조성해 주고 도와줌으로 공동의 목표를 달성하는 데 있다. 인간 존중을 바탕으로 리더가 구성원들에게 봉사함으로써 구성원들이 잠재력을 발휘할 수 있도록 도와주고 이끌어 주는 것이다. 마지막으로 현대적 리더십 이론 중에서 코칭 리더십에서 리더는 부하직원들이 동기부여를 받을 수 있도록 직접적으로 대하며, 격려와 열정을 불어넣어 주는 역할을 한다. 즉, 리더가 결정을 하지만 의사소통 방식은 쌍방향이기 때문에 코칭 리더십은 수용적인 부하직원에게 가장 효과적이라고 할 수 있다. 이처럼 리더십 유형은 시대와 상황에 따라 다양한 이론으로 진화해 왔다. 그렇다면 MZ세대가 보이는 다양한 특징을 바탕으로 이들이 조직에 리더가 되었을 때 MZ세대의 팀원을 리딩하고 조직에서 성과를 만들어 내기 위해서 가장 바람직한 리더십의 유형은 무엇인가? 에 대한 고민이 많았던 만큼 다양한 해석이 있을 수 있지만 필자 관점에서 설명을 하고자 한다.

● **MZ세대에게 바람직한 리더십의 유형_ 변혁적 리더십과 코칭 리더십의 융합**

기업에서 X세대와 베이비붐세대의 리더십을 경험하고 이제는 조직에서 리더가 되기 시작한 MZ세대는 기존의 권위주의적 리더십과 개인의 가치관 사이에서 자신만의 리더상을 정립해야 하는 과제를 안고 있다. 팀원일 때 뛰어난 성과를 발휘해 기대를 한 몸에 받고 그 성과로 막상 팀장으로 되었을 때 임원과 실무자 간 사이에서 원활한 소통에 실패하여 리더십 역량이 기대에 미치지 못하는 딜레마에 빠질 수 있다. 그렇다면 새로운 세대를 이끌어갈 MZ세대가 팀장으로서의 역할을 제대로 수행하기 위해서는 어떤 리더십이 필요한가?

## 세대별 특성과 가치 지향

| 특성구분 기준 세대구분 | 사회관계 (집단/ 개인) | 경제적 측면 (예: 일-삶 관계) | 권력/권위에 대한 태도 (예: 성평등, 성공 등) | 업무방식 | 성향 | 사회적 특징 |
|---|---|---|---|---|---|---|
| 베이비붐 세대 | 집단 | 일 | 권위적, 권위 존중 (자수성가) | 조직적, 수직적 | 이념적 | 낙관주의 민주화 운동 |
| X세대 | 개인주의 시작 (집단+개인공존) | 일과 삶 균형 | 권위형 리더십 하에 잘 지내지 못함(노력하면 성공) | 수평적 지향 | 물질주의 경쟁사회 | 개인주의 탄생 |
| M세대 | 개인 | 일과 삶 균형 | 권위형 리더십 하에 잘 지내지 못함 삼포세대, 헬조선 (현재에 집중) | 협력적 지향 | 세계화 경험주의 | 청년실업 |
| Z세대 | 개인 | 일 자체의 의미 추구 | 미래에 대한 불안감 | 개인중심 | 현실주의 윤리주의 | 다양성 중시 |

(출처: 최순영 외(2020) 공직 내 세대변화에 대응한 인적자원관리 방안)

세대별 특성과 가치지향에서 세대별로 사회관계, 경제적 측면, 권력/권위 대한 태도, 업무방식, 성향, 사회적 특징에 대해 연구한 MZ세대의 특성과 가치 성향에 대해 살펴보면 사회 관계에서는 집단보다 개인을 중시하고 경제적 측면에서 일과 삶의 균형을 추구할 뿐만 아니라 일 자체의 의미를 추구한다. 또한, 업무방식에 있어서 개인 중심이기도 하면서 일에 대한 협업 즉, 협력을 통해 성과를 만들어 내기 원한다는 세대이다. 그렇기 때문에 MZ세대 팀장과 MZ세대 팀원 간의 신뢰가 어느 세대보다 더 중요시한다. 2021년 10월에 잡코리아에서 MZ세대 취업준비생 506명을 대상으로 '함께 일하고 싶은 상사 유형'이라는 주제로 설문조사를 진행한 결과 1위, 2위를 차지한 리더상은 실무능력이 뛰어나지만 수용적인 면도 갖춘 중간관리자형 리더, 팀원에 대한 무한 긍정과 신뢰, 팀원의 가능성을 믿고 밀어주는 리더였다. 이 조사 결과를 보더라도 리더에게 맞는 리더십 유형은 변혁적 리더십과 코칭 리더십이다. 변혁적 리더십을 통해 구성원들에게 비전을 공유하므로 상호 긍정적 신뢰의 관계를 유지하고 그 신뢰를 바탕으로 코칭 리더십을 통해 구성원들을 무한 신뢰하고 구성원들의 가능성을 믿고 팀을 리딩할 때 기업의 원하는 최적의 성과를 낼 수 있다.

변혁적 리더십을 갖추기 위한 자질로는 구성원에게 미래의 비전을 제시해주며 비전을 통한 단결 능력을 갖춰야 하고 비전은 제시하는 것으로 끝나지 않고 비전을 전달할 수 있는 능력 필요하며 무엇보다 상호 신뢰의 관계를 구축하는 것이 중요하기 때문에 하급자들로부터 전적으로 신뢰감을 얻어야 한다. 신뢰를 얻기 위해서는 자기 이미지 관리가 어느 세대보다 중요하다. 리더 스스로 자신의 이미지 관리에 능통해야 한다.

코칭 리더십 관점에서 코칭은 개인과 조직이 나아갈 방향을 찾을 수 있도록 돕고 목적을 달성할 수 있도록 지원하고 조직 및 구성원이 원하는 목표를 달성할 수 있도록 돕는 리더십 방식이다. 또한, 코칭은 개인의 잠재력을 일깨우고, 훌륭한 성과를 내고, 균형 있고 가치 있는 삶을 살게 해주는 기법이다. 마지막으로 코칭은 자신의 목표를 설정하고 실현하는 방법을 알게 해주고, 자신의 강점을 발견하여 능력을 최대한 발휘하도록 힘을 집중시키는 방법을 알게 해주고, 자신의 삶을 한 차원 더 발전시킬 수 있는 방법을 발견할 수 있도록 격려하고 지지하는 리더십 기법이다. 따라서 MZ세대의 리더들은 구성원들의 강점을 찾아서 재주를 발견하고 발전시킬 수 있어야 한다. 둘째는 문제의 해답은 문제를 가지고 있는 사람이 가장 잘 알고 있다는 것이다. 리더는 생각을 강요하지 않고 직원의 생각과 그에 따른 해결책을 신뢰해야 한다. 직원에게 지시하지 않고 직원의 의지와 열정을 일으켜 가능성과 대답을 이끌어 낼 수 있도록 해야 한다. 마지막으로 해답을 찾기 위해서는 파트너가 필요하다 파트너의 의미는 멘토나 지도자와는 다른 개념으로 자신의 고민과 해결책에 대해 수평적 관계에서 명확하게 말해주는 사람을 의미한다. 따라서 MZ세대는 코칭 리더십을 통해 구성원이 미처 발견하지 못한 잠재력을 깨우게 해서 잠재된 역량을 표출할 수 있도록 한다.

● MZ세대가 리더로서 조직에서 성과를 만들어 내는 전략 및 실행

MZ세대가 조직의 리더 즉, 팀장으로 조직의 성과관리를 위해 MZ세대 팀원에게 동기 부여하고 이들이 하는 직무에 어떻게 성과를 만들어 낼 것인가에 대한 이슈가 남게 된다. 앞에서 언급했듯이 MZ세대에 맞는 변혁적 리더십과 코칭 리더십을 접목한 리더십 교육을 통해 이들을 조직에서 긍정적 성과를 낼 수 있는 리더로 육성할 수 있다. 이렇게 육성된 리더들이 조직에서 팀을 맡는다면 기업이 원하는 성과를 만들어 낼 수 있다. 그렇다면 이들이 팀 내에서 성과를 만들기 위해서는 MZ세대에 맞는 성과관리 방법이 필요하다. 그것은 OKR<sup>Objectives and key results</sup>라고 생각한다. OKR은 목표 및 핵심 결과지표로써 조직적 차원에서 목표를 설정하고, 그 결과를 추적할 수 있도록 도와주는 목표 설정 프레임워크이다. OKR의 개념을 처음 생각해 낸 인물은 앤디 그로브<sup>Andy Grove</sup>이고 이를 널리 알린 것은 구글의 초기 투자자 중 한 명이기도 했던 존 도어<sup>John Doerr</sup>이다. 존 도어<sup>John Doerr</sup>는 OKR 공식은 첫째, 목표를 세운다. 둘째, 주요 결과를 생각한다. 주요 결과란 "그 목표를 어떻게 달성할 것인가?"에 대한 구체적인 실행 방안을 세우는 것이다. 기존의 성과관리는 연 단위로 피드백하고 하향적/독재적이며 결과 중심

적으로 성과를 관리한다. 또한, 성과를 왜 달성하지 못했는지에 대한 약점 기반 평가 중심으로 되어 있다.

MZ세대 리더가 MZ세대 팀원을 조직 내에서 성과를 만들어 갈 때 기존 성과관리시스템은 맞지 않다. OKR$^{Objective.key.results}$은 지속적 성과관리를 우선하기 때문에 꾸준한 피드백, 합리적/민주적, 과정 중심적, 사실 기반의 평가를 우선으로 하기 때문에 MZ세대가 리더로써 조직에서 성과를 만들어 내는 전략 및 실행방법을 고민할 때 가장 적합한 시스템이다. OKR은 기업이 원하는 목표를 설정할 수 있도록 도와주며 분기 별로 원하는 결과를 달성하도록 지원해준다. OKR로 세운 목표와 계획에 따른 결과를 분기별로 팀원의 성과를 점검해주고 격려해 주는 것이다. 이러한 OKR의 성과관리 기법을 통해 팀의 성과를 만들기 위해서는 코칭 스킬을 OKR 성과관리에 접목할 때 조직의 성과를 만들어 낼 수 있을 것이다.

코칭의 기본 철학은 모든 사람에게는 무한한 가능성이 있고 그 사람에게 필요한 해답은 모두 그 사람 내부에 있으며 해답을 찾기 위해서는 파트너가 필요하다는 것이다. 코칭의 특징은 상대가 스스로 답을 찾게 하고 코칭의 핵심 역량(프로세스)을 사용을 사용하며 일방적 커뮤니케이션이 아닌 쌍방향 커뮤니케이션을 지향한다. 마지막으로 코칭은 미래 해결 중심이다. 미래 목표를 명확히 한 후 현재 구체적인 실행안을 세울 수 있도록 하는 것이 코칭의 주요 특징이다. 따라서 MZ세대가 리더로서 조직에서 성과를 만들어 내기 위해서는 MZ세대 특징이 맞는 리더십 유형인 변혁적 리더십과 코칭 리더십을 교육하고 OKR과 코칭 대화 스킬을 통해 조직에서 원하는 긍정적 성과를 만들어 낼 수 있을 것이다.

실제 기업 현장에서 변혁적 리더십과 코칭 리더십을 통해 팀장 및 중간관리자를 육성하고 OKR을 통해 조직의 성과를 긍정적으로 만들어 내고 있는 기업이 있어 간략히 소개하고자 한다. G사는 임원급이 X세대이고 M세대는 팀장이면서 중간관리자 그리고 Z세대는 팀원으로 구성되어 있다. 이 회사는 3년전부터 기존 성과관리 제도(KPI 등) 대신 OKR제도로 전 구성원의 성과관리를 운영하고 있다.

이 회사 MZ세대들은 굉장히 스마트하고 자신의 성장에 관심이 많아서 회사가 좋아도 자신의 직무가 물 경력이 될 거 같으면 과감히 사표를 쓴다고 한다. 그리고 이들은 경쟁의 대상을 조직 내 구성원으로 보지 않는다. 외부 비즈니스 환경을 보고도 퇴사 여부를 결정한다고 한다. MZ세대 팀장은 팀원들에게 일에 대한 그리고 성과에 대한 의미를 분명히 설명하고 이해시키고 성과관리도 공정하고 투명하고 그리고 충분히 성과를 낼 수 있는 자율성을 보장해주고 그 업무를 통해서 성장할 수 있다는 확신이 있어야 조직이 원하는 성과를 낼 수 있다고 한다. 그래서 이 기업은 이 관점에서 가장 적합한 성과관리시스템이 OKR로 이들을 리딩하는 팀장의 리더십 유형은 코칭 리더십이라고 한다.

성과관리는 OKR로 진행하고 팀장들은 코칭 리더십으로 육성한다. 1년 차에는 OKR 제도에 대한 공감대 형성과 시스템 구축으로 진행했고 2년 차에는 1년 차에 쌓였던 데이터 분석을 통해 더 효율적으로 진행하기 위해 IT를 활용한 시스템을 구축하여 OKR이 실질적으로 성과를 낼 수 있도록 진행했고 팀장의 리더십은 코칭 리더십으로 교육하고 육성했다. 3년 차에는 1년 차, 2년 차 진행할 때 나왔던 문제점들을 보완하고 개선하여 진행하였다. 특히, 팀장들의 리더십 역량의 gap차이에 따라 OKR 성과 관리의 승패 여부가 결정된다는 걸 확인하고 3년 차에는 그룹코칭으로 팀장들 간의 리더십 역량의 차이를 줄일 수 있다고 한다.

MZ세대가 팀장과 팀원으로 구성되어 있는 이 기업의 3년간 진행한 결과는 이전 성과관리에 비해 팀원들과 충분한 대화를 통해서 피드백을 수시로 주기 때문에 아직 가야 할 길이 많이 남아 있지만 공정과 자율성 그리고 성장의 키워드에 맞는 성과관리 시스템이고 팀장의 리더십 역량이라고 확신하고 지속적으로 진행하고 있고 무엇보다도 MZ세대들의 만족도가 높다고 한다. 또 다른 A사도 MZ 세대가 리더로 있고 팀원들도 MZ세대인 회사의 사례를 보면 이 회사는 변혁적 리더십을 중심으로 리더들을 육성하고 있다. MZ세대 팀원들에게 끊임없이 동기 부여하고 격려하는 것은 좋으나 눈에 보이지 않는 격려는 의미 없다. 당장 실제적인 즉, 눈에 보이는 동기부여가 되어야 한다. 물론 칭찬과 격려도 필요하지만 이것만으로 동기부여를 받았다고 생각하지 않는다. 이 회사는 팀장으로써 요구되는 리더십은 X세대와 MZ세대가 확연히 달라야 한다고 한다.

X세대 리더는 지시하고 보고 받는 형태였으나 지금의 MZ세대 리더는 현장형 리더가 필요하다고 한다. 같이 함께 움직이는 리더로 격려하고 피드백해주고 동기부여 해주는 리더가 지금 리더의 역량이라고 한다. 또한, 이 회사는 변혁적 리더십도 강조하지만 팀원들과 리얼 코칭으로 팀장들이 끊임없이 팀원들과 대화를 통해서 성과를 만들어 내고 있다. 리얼 코칭으로 연초에 세웠던 목표를 정기적으로 대화를 통해서 피드백을 해준다. 성과를 달성하기 위한 전략을 끊임없이 피드백 해주면서 성과를 만들어 낼 수 있도록 지원해주는 역할이 MZ세대의 리더와 팀원의 역할이라고 강조하고 있고 현재 어느 정도 조직의 성과를 만들어

내고 있다. 앞에서 언급한 기업들의 사례만 가지고 확언할 수는 없지만 그래도 조직에서 MZ세대 리더가 MZ세대 팀원들과 함께 조직이 원하는 성과를 만들어 내려고 할 때는 변혁적 리더십을 통해서 구성원들을 동기부여 해주는 것이 무엇보다 중요하다. 그리고 성과관리 기법은 OKR이 아니어도 좋다. 왜냐하면 성과관리 기법이 중요한 것이 아니라 팀장이 어떤 역량을 가지고 조직과 팀을 리딩하는가가 성공의 열쇠이기 때문이다. MZ세대의 리더가 코칭 리더십을 통해서 구성원과 실질적인 격려와 지원 그리고 끊임없는 대화를 통해서 긍정적 피드백을 지속할 때 반드시 조직이 원하는 성과를 만들어 낼 수 있을 것이다.

# MZ세대와 함께하는
# 코칭 리더십

**김영헌**
**한국코치협회 회장**

포스코에서 30년 이상 인사·인재육성·혁신 등 주요업무를 임직원으로 수행하였다. 포스코 미래창조아카데미원장, 포스텍 행정처장 등을 역임하고 퇴임 후 코칭을 공부하였다. 지금은 (사)한국코치협회 회장, 한국HR협회 회장, 경희대 경영대학원 코칭사이언스 전공 주임교수, 한경닷컴 칼럼니스트, 경영자 전문코치로 활동하고 있으며 『행복한 리더가 끝까지 간다』 등 다수의 저서가 있다.

## 2

# MZ세대와 함께하는
# 코칭 리더십

업종에 따라 차이가 있지만 MZ세대가 조직 구성원의 50% 내외를 차지하고 급격히 늘어나는 추세에 조직의 리더들은 어떤 리더십을 발휘해야 할까요? MZ세대 증가의 인구통계학적 수치는 이미 예정된 미래이다. 반면 조직 구성원으로서 MZ세대는 조직과 리더들에게 무엇을 요구할까요?

리더는 기본적으로 조직 구성원과 함께 조직에서 추구하는 목표를 달성해야 한다. 조직에서 리더에게 요구하는 목표를 달성하지 못한다면 리더가 존재할 이유가 있을까? 자신에게 주어진 책무를 달성하기 위해 상황에 적합한 리더십을 발휘해야 한다. 이 상황의 가장 중심에 있는 것이 바로 우리 조직의 과반수를 차지하는 MZ세대의 특성에 맞는 리더십 발휘이다.

다음 질문을 함께 생각해 보자. 리더로서 조직의 목표 달성이 먼저인가? 아니면 조직 구성원의 마음을 얻고 그들과 신뢰 관계를 이루는 것이 먼저인가? 예를 들어 자전거의 앞바퀴와 뒷바퀴로 비유한다면 무엇이 앞바퀴가 되어야 하는가? 두 개의 바퀴가 있어야만 자전거가 앞으로 나아가지만, 뒷바퀴는 앞바퀴를 따라간다.

앞바퀴인 조직 구성원의 마음을 얻고 그들과 신뢰 관계를 돈독히 하면 그들은 자율성을 갖고 조직 목표를 달성하기 위해 서로 협조하면서 시너지를 낸다. 이러한 과정을 통하여 리더와 조직 구성원 공히 성장하고 행복해야 한다.

필자가 생각하는 리더십의 요소는 IMCD2이다. 즉 영향력$^{Influence}$, 동기부여$^{Motivation}$, 소통$^{Communication}$, 방향성 정립$^{Direction}$ 그리고 의사결정$^{Decision\ Making}$이다. 이와관련 다음 질문에 스스로 답해 보시면 어떨까? 물론 정답은 없다. 상황에 가장 적합한 자신의 리더십 내용이면 된다.

- 나는 리더로서 어떤 전문성을 갖고 어떻게 존경받고 있는가?
- 리더 본인과 조직 구성원들에게 어떻게 동기부여하고, 직원들의 사기$^{morale}$는 어떻게 올리는가?
- 자신을 둘러싼 이해관계자들과 감정이 상하지 않게 하면서, 어떻게 효과적으로 소통할 것인가?
- 우리 조직의 존재 이유인 미션과 미래 모습인 비전을 만들고 어떻게 조직 구성원들과 공유하고 실천할 것인가?
- 리더로서 매 순간 다가오는 업무의 크고 작은 의사결정을 어떻게 효과적으로 할 것인가?

## ● 리더로서 자신의 영향력 원천

상기에서도 보았듯이 리더로서 첫 번째 조건은 자신의 영향력이다. 영향력 Influence이란 무엇일까? 학자들에 따르면 영향력이란 한 개인 또는 집단이 다른 개인 또는 집단의 태도, 가치관, 행동 등에 변화를 가져오도록 움직일 수 있는 힘의 총량이다. 프렌치와 레이븐French & Raven은 권력의 원천을 연구하며 다음과 같이 분류하였는데, 이는 근본적으로 리더로서 영향력이라고 할 수도 있다.

### 보상적 권력(Reward Power)

다른 사람에게 자신이 원하는 보상을 해 줄 수 있는 자원과 능력을 갖고 있을 때 발생하는 것이다. 예를 들면 호의적인 인사고과, 승진, 급여 인상, 호의적인 업무 할당 및 책임 부여 등이다.

### 강압적 권력(Coercive Power)

보상적 권력과 반대로 처벌과 위협을 전제로 한다. 예를 들면 상사가 조직 구성원을 원치 않은 부서로 이동시키거나 승진에서 누락시키는 등 불이익을 줄 때 발생하는 것이다.

### 합법적 권력(Legitimate Power)

권력 행사에 대한 정당한 권리를 전제로 하며 일반적으로 조직 내 직위상 전결 규정에 의거 발생한다. 공직 선거에 의해 당선되거나 합법적으로 조직내 직위에 임명됨으로 발생하는 권한이다.

준거적 권력(Reference Power)

대부분의 사람은 자신보다 뛰어나다고 인식되는 사람을 존경하고 닮고자 하는데 이때 준거적 권력이 발생한다. 조직 내 준거적 권력을 갖고 있는 리더는 조직 구성원들의 절대적인 존경을 받게 된다.

전문적 권력(Expert Power)

전문적인 기술이나 지식 또는 독점적 정보에 바탕을 두며 특정 분야에 탁월한 역량을 갖고 있을 때 전문적 권력이 발생한다. 이 전문성은 조직 계층의 상하 관계없이 발생한다는 특징이 있다.

여기서 강조하고 싶은 것은 1. 2. 3번인 보상적, 강압적, 합법적 권력은 조직 중심적, 공식적 원천이며 4, 5번인 준거적, 전문적 권력은 개인 중심적이라는 것이다. 따라서 리더들은 조직에서 주어진 영향력을 넘어 조직구성원들이 존경하고 따르는 리더로서 준거적 영향력과 자신만의 전문성을 확보하는 것이 매우 중요하다.

## ● 코칭 리더십

요즘 시대의 화두는 무엇일까? 제 4차 산업혁명으로 촉발된 Dital Transformation, 전 세계에 큰 영향을 미치고 아직도 진행형인 코로나 상황 그리고 특히 우리 조직의 과반수를 차지하는 MZ세대와 소통이 아닐까? 4차 산업혁명은 가보지 않은 새로운 길이며 우리의 잠재력을 발휘하여 창조적 산출물을 만들어 내는 것이다. 코로나 상황은 우리에게 건강과 행복을 다시금 성찰하게 하였다. 그리고 조직 내 서로 다른 성장 배경을 가진 다양한 세대가 공존하는데 어떻게 의사소통해야 할지, 소위 꼰대가 아닌 수평적 관계로 시너지를 이루어야 한다.

경영자 코치인 김영기 박사는 최근 《MZ세대와 꼰대 리더》라는 책에서 MZ 직원들의 특성을 6가지로 압축했다. 그는 국내외에서 이루어진 50여 가지의 연구 결과를 요약했다고 했다. 그것은 수평적 소통<sup>Equal</sup>, 자기 주장<sup>Voice</sup>, 빠른 보상<sup>Reward</sup>, IT 원주민<sup>IT Native</sup>, 사생활 중시<sup>Private</sup>, 모바일 연결<sup>Connected</sup>이다. 그는 6가지 특성을 영어 표기 첫 글자를 따서 EVRIPC 즉 '에브리피시'라고 발음한다. 기억하기 쉽게 MZ직원들은 '모두<sup>에브리 EVRI</sup> 개인 컴퓨터<sup>PC</sup>'라고 연상하면 도움이 된다고 했다. 이러한 특성을 가진 MZ세대들과 함께 조직의 목표를 달성해야 하는 리더는 어떤 리더십을 발휘해야 할까? 이에 적합한 리더십이 바로 코칭 리더십이다.

구글에서 좋은 리더의 조건이 무엇인지 연구했다. 수만 건의 자체 인사 빅데이터를 분석한 결과 생산성이 좋은 상위 25% 팀과 하위 25% 팀을 구분 짓는 결정적인 요인은 관리자의 탁월한 리더십이었다. 처음 8가지로 정리했는데 그중의 1위가 〈Be a good Coach〉였다. 그러면 좋은 코치가 되기 위한 핵심은 무엇일까? 네 가지 기준을 제시하고 싶다. 필자는 이 네 가지를 쉽게 전달하기 위해 〈사경질피〉라고 이야기한다.

첫 번째는 사람에 대한 존중이다. 에노모토 히데타케의 《마법의 코칭》 책에 보면 모든 사람에게는 무한한 가능성이 있고, 그 사람에게 필요한 해답은 모두 그 사람 내부에 있으며 그리고 해답을 찾기 위해서는 파트너인 코치가 필요하다.

코칭하면 어떤 이미지나 키워드가 떠오르는지요? 예를 들면 부하직원이 코칭을 해달라고 할 때, 또는 리더로서 부하직원을 코칭해 줘야겠다고 할 때 그 코칭의 의미는 무엇인가? 필자가 경희대 경영대학원 〈코칭 리더십과 역량개발〉 수업 시 원우들에게 〈코칭하면 떠오르는 키워드〉는 무엇인가? 에 대해 그들의 제시한 키워드를 소개하면 다음과 같다.

'코칭'하면 떠오르는 키워드

한국코치협회에서는 코칭을 다음과 같이 정의한다. "코칭은 개인과 조직의 잠재력을 극대화하여 최상의 가치를 실현할 수 있도록 돕는 수평적 관계다". 국제코칭연맹International Coaching Federation은 "고객의 개인적, 전문적 잠재력을 최상으로 발휘할 수 있도록 영감을 불어넣고, 고객이 당면한 주제에 대해 생각을 불러일으키게 하는 창의적인 프로세스와 함께 고객의 파트너 역할을 하는 것이다." 그러므로 고객의 강점과 잠재력으로 이끌어 주기 위한 창의적이고 수평적인 프로세스가 바로 코칭이다.

필자가 가끔 인용하는 문구가 〈계명구도鷄鳴狗盜〉이다. 이는 사마천의 사기 〈맹상군열전〉에 나오는 이야기로 중국의 전국시대 제나라 맹상군이 진나라 재상으로 임명되자 진나라 신하가 소왕에게 이렇게 간했다. "맹상군은 현능한 사람이며 제나라 왕의 종친입니다. 이제 진나라의 제상이 되었으니 분명 제나라를 앞세우고 진나라를 뒤에 둘 것입니다. 그러면 진나라는 위태로 울 것입니다." 이에 소왕은 맹상군을 파면한 후 옥에 가두고 죽이려고 했다.

그때 위험에서 맹상군을 도와준 사람은 이미 소왕에게 선물 준 호백구(여우의 흰 겨드랑이 털로 만든 옷)을 다시 훔쳐 그것을 갖고 싶어 하는 소왕의 총희에게 선물하여 그가 소왕에게 잘 말해 줌으로서 풀려나게 한 사람과 닭 울음소리로 새벽에 성을 빠져나오게 한 사람이다. 이 두 사람은 맹상군의 식객으로서 수행원으로 함께 진나라에 갔었다. 이를 두고 여러 가지 해석을 할 수 있지만 누구에게나 사람의 목숨까지 살릴 수 있는 강점이 있다는 측면에서 소개했다. 어찌 보면 맹상군은 식객이 많을 때 3천 명이었다고 기록되어 있는데, 맹상군은 그들 모두 존중해 주었기에 목숨이 위태로울 때 도움을 받았다.

두 번째는 경청이다. 경청은 사람의 마음을 얻는 기술이다. 다음의 경청 진단에서 자신의 점수를 1~5점까지 매겨보자. 매우 동의는 5점이고 매우 부정은

1점이다.

- 상대방이 말할 때 내가 할 말을 미리 생각하지 않고 집중한다
- 상대방 말에 끼어들지 않는다
- 상대방 말에 대해 판단이나 비판, 가정을 하지 않는다
- 상대방 말의 논리와 일관성을 위해 내용을 요약한다
- 상대방의 입장에서 그의 말을 이해하려 한다.
- 상대방 말의 내용뿐만 아니라 감정도 이해하려 한다
- 상대방의 말이 끝날 때까지 내 의견을 말하지 않는다
- 상대방의 눈을 바라보며 대화한다.

상기 항목 중 어느 것은 잘 되고, 어느 것은 잘 안 되고 있다고 느끼는가? 경청 습관은 쉽지는 않지만 연습하면 된다. 특히 자신의 에고를 내려놓는 연습이 중요하다. 에고를 내려놓으면 상대방의 마음을 얻을 수 있다. 우리 사회에는 말하는 사람과 말하려는 사람만 있고 들으려는 사람이 없다는 우스갯소리가 있다. 우리는 상대방을 말을 잘 들을 때 제대로 배울 수 있다.

세 번째는 질문이다. 질문은 사람의 생각을 깨우는 기술이다. 이제 리더들은 지시보다 질문에 익숙해져야 한다. 현대 경영학의 구루인 피터 드러커는 이렇게 이야기했다. "20세기 위대한 리더가 위대한 답을 주었다면 21세기 위대한 리더는 위대한 질문을 해야 한다." 질문에 종류에 여러 가지가 있다. 열린 질문과 닫힌 질문, 긍정 질문과 부정 질문, 미래 질문과 과거 질문, '무엇을' 질문과 '왜' 질문 등 다양하지만 상대방과 상황에 맞게 할 수 있어야 한다. 그리고 경청과 질문은 동전의 양면과도 같다. 경청을 통해 대화 속에서 상대방을 위한 성찰의 질문을 할 수 있다.

네 번째는 피드백이다. 피드백은 사람으로 하여금 행동하게 하는 기술이다. 부하직원들이 올바른 행동을 지속하도록 하기 위해 인정, 칭찬의 피드백을 하여야 한다. 그러나 지금 하는 행동이 바람직하지 않을 때는 요구되는 모습 즉 바람직한 행동의 모습을 스스로 성찰케 하고 실천할 수 있도록 지지, 격려해야 한다. 그리고 리더 자신도 특히 MZ세대의 피드백을 어떻게 받느냐가 평소 자신이 알지 못했던 부문 즉 조하리 창의 맹인영역부분Blind Area을 줄이고 공개영역Open Area을 늘려서 그들과 소통에 한발 다가설 수 있다.

한편, 코칭 대화에는 프로세스가 있다. 코칭 분야에 이미 잘 알려진 존 휘트모어의 GROW모델을 소개한다. 이는 Goal, Reality, Options, Will의 첫 글자를 딴 것이다. 먼저 고객이 원하는 모습이나 목표를 이야기 나누고, 그다음 현재 상황에 대한 이야기를 나누어 그 차이Gap를 자각하면 고객은 문제를 인식하게 된다. 그러면 이것을 해결하기 위한 여러 가지 대안을 생각하게 되고 이어 대안 중에서 선택하여 자신의 의지로 실행하는 프로세스이다.

각 단계마다 코치로서 해야 할 질문의 예시는 다음과 같다.

Goal 단계에서는 고객이 원하는 목표나 주제를 찾는 것으로, 당신이 이루고자 하는 목표는 무엇입니까? 대화가 끝났을 때 어떻게 되기를 원하십니까? 이 목표의 어떤 점이 당신에게 중요합니까? 등이다.

Reality 단계에서는 현재 상황이 어떤지 파악하는 것으로 목표와 관련된 현재 상태는 어떠합니까? 현재 당신은 어떻게 하고 있습니까? 지금까지 고민해 본 것은 무엇입니까?

Options 단계에서는 해결 방법을 찾는 것으로, 한 번도 시도해 보지 않은 방법

중 가능성이 있는 대안은 무엇인지요? 각 대안의 장단점은 무엇인지요? 어떻게 장애물을 극복하시겠습니까? 마지막 Will 단계는 행동을 위한 실행 의지로, 여러 가지 대안 중 무엇을 제일 먼저 시도해 보시겠어요? 실행한 것을 코치인 제가 어떻게 알 수 있을까요? 실행을 위하여 스스로에게 다짐의 말을 한다면 무엇인지요? 등이다. 상기 내용은 예시일 뿐 실제 상황과 주제에 맞게 코치가 창의적으로 질문해야 한다.

● 리더로서 조직관리 주요 포인트

코칭 리더십을 발휘하여 구성원의 마음을 얻고 잠재력을 끌어내면서 조직관리를 해야 한다. 조직관리는 세 가지 포인트가 있다. 즉 사람 관리, 일 관리 그리고 변화 관리이다. 이것을 잘해야 조직의 성과로 이어지는 것이다. 따라서 조직관리와 성과 관리는 서로 연결이 되어 있다. 다음의 질문에 스스로 어느 정도인지 대답해 보자.

- 우리 조직 운영의 그라운드 룰은 무엇인가?
- 업무는 공정하게 배분되고 있는가?
- 조직 구성원에 대한 평가와 보상은 적정한가?
- 업무 추진과정에서 피드백은 잘 이루어 지고 있는가?
- 우리 조직의 5년 후 모습은 어떠한가?
- 조직 구성원의 역량개발과 성장을 위한 교육 지원은 적절한가?
- 우리 조직 구성원은 과연 행복한가?

리더로서 자신이 세운 목표를 달성하기 위해 점검해야 할 요소는 무엇일까? 네 가지 관점에서 생각해 볼 수 있다. 그 성과 달성의 비결은 C-TEB입니다. 즉 이해 관리자와의 협업 Collaboration 이 필요하고, 자신에게는 시간 관리 Time management, 감정 관리 Emotion management, 신체 관리 Body management 요구된다.

첫째, 협업이다. 조직 내에서 추구하는 목표이든, 개인적인 목표이든 자신을 둘러싼 상사, 부하, 동료, 고객뿐만 아니라 가족, 친구 멘토 등 이해 관계자와의 협업이 뒷받침되어야 리더로서 목표를 달성할 수 있다. 협업에서 가장 중요한 것은 신뢰를 바탕으로 한 커뮤니케이션 역량이다. 자신이 무엇을 얻고자 하는지 이해 관계자들과 진솔하게 소통해야 한다. 그 과정에서 자신이 추구하는 목표가 MZ세대 등 조직 구성원에게도 어떤 도움이 되는지 상호 인식하고 윈-윈 모델을 만들어 나가야 한다.

둘째, 시간 관리이다. 자신이 세운 목표에 대해 경중완급 輕重緩急 기준을 조직 구성원과 공유하고 실천해야 한다. 상황에 따라 재점검하면서 적기에 의사결정을 하여야 한다. 또한 Deadline 효과를 위해 사전에 마감 시간을 확실히 정하고 추진해야 한다. 한편 자신의 스케줄에 의도적으로 빈칸을 만들어 예기치 못한 상황에도 대응해야 한다.

셋째, 감정 관리이다. 목표를 달성하는 과정에서 본의 아니게 상황, 일의 순서, 시간 등으로 스트레스를 받게 된다. 특히 자신에게 영향력을 미치는 이해관계자와의 갈등은 더욱 스트레스 요인이 된다. 이때 이러한 스트레스를 어떻게 해소하고 자신의 감정을 관리하느냐가 관건이다. 상대방이 있어 내가 있다는 긍정적인 마인드와 매사에 감사하는 마음을 갖는다면 마음에 평화가 깃들 것이다.

넷째, 신체관리이다. 몸이 아프면 마음도 아프고, 몸의 컨디션이 좋으면 마음도 즐겁고 활기차게 된다. 신체와 정신은 동기화 되어 있다. 등산 격언에 따르면, 정상에 오를 때 적어도 하산에 필요한 30% 체력을 남겨 놓으라는 말이 있다. 왜 그럴까? 정상에 오르면서 체력이 고갈되면 하산길이 안전하지 않기 때문이다. 업무에 있어서도 늘 신체적 정상 컨디션이 중요하다. 조직 생활에 있어서 자신만의 올바른 건강관리 습관을 만들고 지키는 것이 필수적이다.

지금까지 MZ세대와 함께하는 코칭 리더십과 리더로서 조직관리를 살펴보았다. 이제는 과거 산업화 시대 성공한 선진 롤 모델을 벤치마킹해 이미 답을 알고 있는 상황에서 빠르게 추격하기 위해 지시하고 밀어 붙치는 'Push 리더십'에서 벗어나 정답이 없는 시대 조직 구성원의 무한한 잠재력을 발휘하게 하는 'Pull 리더십'으로 전환이 요구된다. 마치면서 〈생각해 볼 화두〉를 제시하고자 하니 셀프 코칭해 보시기 바란다.

▶ 생각해 볼 화두 ◀

- 당신은 리더로서 어떤 사람이고 어떤 가치를 추구하고 있는가?
- 당신은 리더로서 MZ세대에게 어떤 영향력을 미치고 있는가?
- 당신은 리더로서 Push 리더십과 Pull 리더십 중 어떤 것에 익숙한가? 그 이유는?

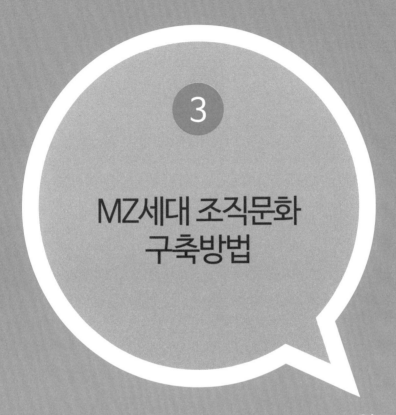

3

# MZ세대 조직문화
# 구축방법

**조원규**
dA그룹 부사장

조직문화 길라잡이라 불린다. '나는 천국으로 출근한다'로 알려진 한미글로벌에서 20년 근속하며, 조직문화 전담자로 근속했고, 현재는 DA건축의 부사장으로 근무 중이며 한국HR협회 부회장으로 활동하고 있다. 저서로는 『조직문화가 전략을 살린다』, 『GWP 조직문화 핸드북』, 『하루하루 시작(詩作)』이 있다.

# 3

## MZ세대 조직문화 구축방법

왜 소속된 조직을 그만두면서 '조직문화가 나와 맞지 않아서'라고 말하는 걸까? 나와 맞지 않은 조직문화가 어떤 것이기에 그렇게 어렵게 들어간 조직과 정들었던 동료들을 뒤로하고 속한 조직을 떠나야만 하는 결정을 해야만 했을까?

네이버 지식백과에는 조직문화를 '조직 구성원들로 하여금 다양한 상황에 대한 해석과 행위를 불러일으키는 조직 내에 공유된 정신적인 가치를 의미한다'고 정의한다. 조직 구성원들이 가지고 있고, 공유하는 관점이 동일하여 어떤 일이 발생했을 때 그 조직의 구성원들 행동 방식, 의사결정 방향이 동일한 형태와 양상으로 나타난다면 우리는 이를 조직문화 때문이라 한다.

조직 구성원이 모두 자연스럽게 좌향좌하는데 나만 우향우하면 얼마나 쑥스럽고 힘들까? 반대로 어떤 일이 발생 하였을 때 누가 뭐라 하지 않아도 구성원들이 가진 가치와 신념으로 동일한 형태의 태도를 가지고 임 한다면 그리고 이것이 힘이 되고 에너지를 가진 움직임으로 나타나게 된다면 이는 참으로 큰 회사 성장의 원동력이 될 것이다.

MZ세대는 이미 우리나라의 산업을 움직이는 중심 세대이다. 그들은 인터넷 등 디지털 기술에 익숙하다. 자기중심적이며 개인의 행복을 먼저 추구하고, 렌탈 등 공유경제에 익숙한 세대다. 이들은 솔직담백하고, 자신의 취향을 추구하는 경향을 가지고 있다. 따라서 이들에게 맞는 조직문화를 구축하고 이들이 가진 힘Potential을 잘 운용하여 조직의 발전 및 성장의 에너지원으로 변환시킬 수 있다면 얼마나 큰 힘으로 나타날까? 이렇게 유용하고 효율적인 에너지원이 있는데 이를 방치하고 활용하지 못한다면 이는 그 조직의 커다란 손실임은 자명한 사실이다. 우리는 잘 안다. 조직문화는 비단 MZ세대가 주류인 현재가 아니어도 과거에도 그리고 미래까지도 동일하게 경영진은 물론 조직을 조금이라도 생각하는 이가 있다면 고민해야 할 주요 과제인 것이다

● MZ세대와 같이 조직목표 설정하기

조직문화는 생물과 같다. 조직문화는 유사하긴 해도 같은 것이 없다는 말이다. 조직문화는 쉼 없이 변하고 움직이며, 발전 성장해 간다. 과거의 조직을 안다고 어림짐작하여 현재의 조직에 대한 의사결정을 하는 것은 커다란 오류를 가진 결정을 할 수밖에 없는 것이다. 조직의 특성, 조직의 규모, 조직 구성원의 구성 등에 따라 조직은 다양한 형태로 존재하고 표출된다. 따라서 특징적인 편향이 있는 것으로 보여지는 MZ세대는 기존 세대와는 다른 극명한 특성이 있기에

그들의 조직문화 구축 방안에 대하여 살펴봄은 의미 있는 일이다.

조직의 목적은 존재에 있다. 생존이 조직의 제일 목적인 것이다. 지속 가능한 조직을 만들기 위한 근본적 활동이 조직문화의 제일의 과제인 것이다. 그래서 조직문화를 이야기하면 조직의 Mission, Vision, 핵심 가치를 이야기하는 이유가 여기에 있다. 조직은 조직 나름의 추구하는 목표가 있다. 존재가치를 실현해 가는 것은 살아있는 존재가 추구하고 실행해야 할 기본이다. 그리고 지금의 모습도 좋지만 더 좋은 존재를 향하여 부단하게 성장, 발전해 가기를 지향해야 한다. 그래야 건강한 조직이다.

조직의 성장 과정에서 자연스럽게 조직 구성원이 늘어나게 된다. 이때 새롭게 편입된 구성원들에게 기존 조직의 존재 이유를 함께 공유하고, 달성할 목표를 향하여 같이 하자고 동의를 구하는 행위, 바로 이것이 살아있는 조직문화 활동의 시작이다. 조직문화를 조직의 에너지화하기 위해 새로운 조직 구성원과 조직의 목적과 목표를 공유함을 중히 여기고 이를 위해 조직적 관심을 기울여야 한다. 그 형태는 어느 것이 되어도 무방하다. 조직의 특성에 맞게 카드를 활용하거나 일방적 교육이나 양방향 교육이든 조직 구성원이 내가 속한 조직이 왜 존재하고 나는 그것을 위해 무엇을 해야 하는지 명확히 알도록 하는 것부터 해야 한다. 조직의 현재와 앞으로 나아갈 미래를 위해 나는 무엇을 해야 하는지 조직 구성원으로서 명확히 답할 수 있는 조직을 먼저 만들어야 하는 것이다.

조직은 혼자 일하지 않는다. 그러다 보니 체계가 필요하고, 조직만의 일하는 방법이 필요하다. 조직원 사이에 혼란과 충돌 없이 조직의 구성원이면 누구나 그렇게 생각할 것이란 믿음이 있어야 조직이 탄력을 받을 수 있다. 우리 조직에 탄력을 더 할 수 있는 요소는 무엇일까? 고민해 보았는가? 조직을 어떻게 하여야 효율적이고 능동적인 조직으로 만들 수 있을까? 고민해 보았는가? 이것을 혼자 찾고 이를 일일이 지시하고 있다면 참 피곤하고 힘든 과업을 수행하고 있는 것이다. 이 고민을 같이하고 이것을 구성원이 같이 찾는다면 이것이 문화가 되는 것이다.

조직 활성화 활동으로 조직의 존재가치를 구성원과 인식을 같이하는 Performance가 있다. 그 활동 중 하나로 CEO가 조직의 핵심 구성원과 같이 1박 2일 정도의 시간을 할애하여 Workshop을 하는 방안이 있다. 이는 꼭 어디를 가기보다 사내 회의실에서 해도 무방하다. TF를 구성하여 우리 업에 대한 구성원들의 생각을 간단하게 질문을 만들어 응답을 하게 하고 간단한 통계 집계 프로그램을 활용하여 이를 정리해 보는 것이다. 이를 통해 우리 조직이 존재 이유를 다시금 점검하고 관련한 핵심 키워드와 핵심 행동 요소 등을 도출한 후 이를 해석하는 CEO의 생각을 담아서 정리해 보는 것이다. 이런 과정을 거친 구성원은 분명 조직을 향한 CEO의 의지를 같이 실현해 가는 특별한 지지자로 거듭날 수 있을 것이다.

이를 임원 Level에서 단위 조직장 Level로, 다시 주니어 Level까지 일순한 조직과 그렇지 않은 조직은 조직 분위기 차원에서 확연한 차이를 보게 될 것이다. 이 과정을 통하여 우리 조직에 긍정적 에너지를 주는 구성원과 부정적 에너지를 주는 구성원이 자연스럽게 나타나게 되는데 이를 통하여 CEO는 물론 임원과 관리부서는 조직관리의 많은 팀을 얻게 될 것이다. 조직의 방향성을 공유하고 더 나아가 조직의 지향점을 확인하고 조직의 다음 단계를 향하여 각자가 맡은 역할을 인지한 조직과 그렇지 않은 조직의 분위기는 확연히 다르기 때문이다.

이것을 MZ세대와 같이해 보는 것이다 그들이 가지 가치관에 그들의 특성을 미리 인지하고, 그들이 가진 역량<sup>Potential</sup>을 조직의 방향성에 실어 보는 것이다. MZ세대가 개인주의적인 성향이 강하다고 이전과 다른 세대이기에 이런 것이 먹힐 수 있을까 싶지만, 오히려 의지와 지향성이 강한 이들의 성향에 따라 조직을 움직이는 에너지원으로 더 힘있게 작용할 것이다.

MZ세대는 이제 이 시대를 이끄는 인플루런서블<sup>Influenceable, 영향력 있는</sup> 세대이다. 일상력<sup>日常力, 일상을 가꾸는 힘</sup>과 Challenger<sup>도전하는 사람</sup>로서 소소한 도전으로 일상을 즐기며 살아가는 세대이다. 취향에 맞는 Concept, 세계관으로 손에서 콘텐츠로 소통하는 켄셉친을 만들어 함께 즐기는 세대이자, 주요 마케팅 플랜의 대상으로 Second Consumer의 자리를 차지하며 자신의 지속가능한 삶을 위한 대안을 찾아 즐길 줄 아는 세대이다. 기꺼이 순간의 어려움을 겪고 있는 분들에게 도움을 주고 쿨하게 뒤돌아보지 않고 현장을 떠날 수 있는 선한 오지랖을 가지고 있는 세대이자, 착한 일을 하고 자신 있게 SNS를 통하여 내적 만족을 즐기는 세대이다.

이들은 우리 한반도에 태어난 가장 유능한 세대이고, 가장 체계적으로 교육받은 세대이자, 한 가정에서 1~2명의 귀한 자제들로 자라난 세대이다. 이들과 같이 조직 생활을 하려면 먼저 그들의 다양성을 인정해 주어야 한다. 이들은 대안학교를 경험한 세대이며, 그들은 부모로부터 "유연한 사고를 하라"고 교육

받은 세대이다.

"너는 존재 자체만으로 소중한 사람이다."는 것을 귀에 딱지가 앉도록 주입 받은 세대이다. 그러다 보니 이들은 자기중심적인 삶, 자신만의 스타일을 만들어 내며 사는 세대이다. 문화를 만들고 이를 발전해 갈 수 있는 가장 강한 자생력을 가진 세대인 것이다.

컴퓨터와 디지털기기, SNS를 소아기부터 자연스럽게 사용한 디지털 네이티브들이고 즐기고 재미있게 놀 줄도 아는 그래서 여가를 중요시하고, 일과 삶의 균형을 어느 세대보다 중요시하는 특징을 가진 세대이다. 이를 도표로 정리하면 아래와 같다.

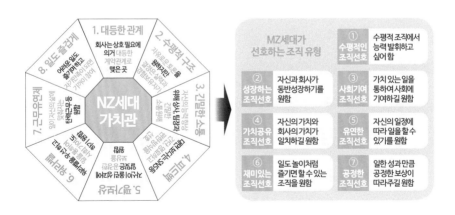

MZ세대는 어느 세대보다 자신의 경력을 쌓기 위해 열정 쏟을 곳을 찾고 있다. 이들은 자신들이 정해 놓은 룰 안에서 즐기며 일하고 싶어 한다. 더하여 기존의

불합리한 조직문화가 바뀌기를 원하지만, 그들만의 예의로 눈치를 보기도 한다. 이들에게 기존의 세대가 손을 내밀어 잡아주고, 공간을 내어주고, 마음을 전하여 주면 그들은 지금까지 쌓은 그들의 역량을 다하여 조직의 발전을 위해 앞장설 것이다.

이들에게 존중은 이들과 관계하기 위한 핵심 키워드이다. 어느 세대가 존경받고 싶지 않을 세대가 없을 것이지만은 가장 잘사는 한반도에서 태어난 공주와 왕자로 불리며 자라난 세대이다. 따라서 자존심 및 도덕적 감성이 강하여 수평적 소통을 원한다. 기존 세대와 다양(SNS 등 활용)하면서도 활발한 커뮤니케이션을 하길 바라고 원한다. 단 존경을 바탕으로 한 룰이 작동하는 범위 내에서 원하는 것이다.

의미 있고 보람 있는 일(정치 및 사회적 이슈, 사전 등)에는 적극적으로 호응하며 스스로 참여하려는 성향이 강하다. 따라서 이들에게 의미를 갖게 하고 일한 결과에 대한 피드백은 중요한 의미를 갖는다. 그 어느 세대보다 정의에 대한 논리를 가지고 있고, 상대성에 대한 민감성을 가진 세대이다 보니 평가에 세밀한 신경을 써야 하는 세대이다

MZ세대의 성과에 대한 평가를 1년으로 모아서 하면 다소 힘들어진다. 기록관리를 잘하는 세대이기 때문이다. 농담을 진담으로 여겨 녹음하기도 하고 이를 근거로 삼기도 하기에 반기에서 분기로 분기에서 케바케(Case By Case)라고 프로젝트 베이스 평가를 근간으로 평가를 할 수 있어야 그들의 마음을 사고 동기부여를 할 수 있을 것이다.

## ● MZ세대와 긴밀하게 소통하며 협업하기

조직이 만들어진 이후 우리는 그 조직이 자율적으로 그리고 영속적으로 살아 움직이는 생명력 있는 조직이기를 원한다. 속한 조직원이 유기적으로 움직여 조직의 존재 이유를 달성해 가는 조직이기를 바란다. 더 나아가 조직이 지향하는 곳으로 지속 성장, 발전해 가는 조직이기를 소망한다.

하지만 많은 조직이 만들어지고 커가면서 조직에 울타리가 생긴다. 소통을 방해하는 요소가 생기고 우리끼리라는 방어막이 생기는 것이다. 조직 성장의 일환으로 관성이 생기는 것은 어쩔 수 없지만, 그 관성과 파장이 맞지 않으면 충돌이 일어난다. 그 충돌은 에너지를 감축시키는 작용을 하기에 소통의 중요성은 정말 크다.

이런 출동은 자연스러운 현상이다. 이에 대비하여 충돌을 흡수할 수 있는 유연한 성질을 조직은 가지고 있어야 한다. 그래야 조직간, 세대 간 충돌을 품어 낼 수 있다. 유연함은 탄력성의 또 다른 표현이다. 유연함과 탄력은 신축성과 긴밀함에서 나온다. 탄력이 있다는 것은 빠르게 반응하는 것이다, 그리고 움직일 수 있는 폭이 있어야 탄력이 생긴다, 작용과 반작용이 반복되어야 탄력이 있는 것이다.

소통은 바로 조직의 유연성과 탄력을 유지하는 근육과 같은 역할을 한다. 뼈와 뼈를 연결하여 움직일 수 있게 하는 힘으로 작용하는 것이 소통이다. 조직의 젊음은 소통하는 방법에 있다. 우리 조직은 MZ세대에 맞추어 빠르게 반응하는 소통체계를 갖추고 있는지 점검해 보아야 한다. 소통하는 대상에게 운신의 폭을 주고 소통하는지 확인해 보아야 한다.

그리고 반복적이고 일관된 시그널을 통하여 그들에게 다가가야 한다. 탄력적이고 유연한 소통은 조직의 수명을 결정하는 생명력과도 같은 것이기 때문이다. 우리는 스트레칭Stretching을 통해 근육의 탄력성과 유연성을 기르는 방법과 같이 세대 간 소통의 근육량을 늘려야 한다.

근육은 한두 번 스트레칭을 했다고 늘지 않듯이 꾸준히 매일 쉼 없이 해야 한다. 스트레칭의 가장 큰 효과는 근육 긴장을 완화해주고 혈액순환을 촉진하여 몸을 보다 편안하게 해주는 것이다. 소통이 바로 그렇다. 조직의 긴장감을 해소는 물론 효율적 업무수행을 위한 움직임을 가속화 시키는 역할을 한다.

스트레칭을 계속하면 근육의 상호작용을 도와 관절과 근육의 행동반경이 넓어진다. 그리고 운동 전 스트레칭은 운동으로 인한 근육 손상을 막아 격렬한 운동도 무리 없이 할 수 있게 해줄 뿐만 아니라 부상당한 몸의 조기 재활에도 도움이 된다.

이렇듯이 조직의 소통 근력을 높여야 한다. 한 번 하던 것을 두 번으로 늘리고 소통의 정확성을 높이기 위한 노력도 병행하여야 한다. 소통의 각종 도구도 활용하여야 한다. 이는 아마도 조직장의 솔선수범하는 노력이 조직장에게 영향을 미치고 그 구성원에게까지 흘러갈 수 있도록 해야 한다. 줄다리기 시합을 통해 우리는 MZ세대와 소통하는 요령을 깨달아야 한다. 영차 영차를 잘 맞추는 팀과 말없이 힘만 쓰는 팀이 있다면 어디가 이길까? 아마도 줄다리기를 많이 해본 분이면 이기는 비법 한두 가지는 기본적으로 알고 있다. 소통을 이야기하면 기본적인 것으로 알고 있다고 하고는 사소한 것을 무시하는 경향이 크다. 중요한 것은 그것을 실현하는 역량이 중요하다.

비법이 통하지 않는 3~4명이 한 팀인 경우와 같이 1~2명의 탁월한 역량으로 이길 수 있을지 모르나 조직이 커져서 10명이 넘어가고 2~30명의 팀만 되어가도 팀을 움직이게 하는 구호가 없으면 구호를 가진 상대를 이길 수 없는 것이다. 우리의 조직은 어떠한가 살펴보자. 우리 회사의 경우만 보아도 600명에 육박하는 구성원이 근무하는 작지 않은 조직이다. 그 조직에 구호가 없다면 어떨까? 반드시 점검해 보아야 한다. 우리 조직에는 우리 조직을 움직이게 하는 구호가 있나? 없다면 만들어야 한다. 그리고 이 구호가 울릴 때 우리는 무엇을 어떻게 해야 하는지 분명히 알고 있어야 한다.

구호는 세대에 상관없이 조직은 소통할 수 있는 힘을 가지고 있다. 더하여 조직에 연령대가 구분이 생길 만큼 커지면 그들만의 힘을 모으는 구호를 만들어야 한다. 그리고 이를 통하여 소통하여야 한다. 왜 하는지 어떻게 하는지 그들에게 알려 주어야 한다.

## ● MZ세대와 함께하는 목표 달성 과정 만들기

어느 조직이든 지속 가능함을 넘어 조직이 나아가려는 목표를 향하여 조직 구성원이 각자의 위치에서 자신들의 역할을 제대로 해 준다면 그래서 조직이 안정적으로 성장 발전해 간다면 그 조직은 생명력이 차고 넘칠 것이다. 지속적인 성과를 낼 수 있는 조직문화를 구축하여 조직의 안정성과 발전성을 확보한 조직은 얼마나 생동감 있는 조직일까? 이런 조직의 공통점은 그들만의 일하는 방법<sup>Way</sup>이 있다는 것이다.

얼마 전 현대로템에서 임직원이 갖추어야 할 행동 가이드인 '스마트웨이<sup>Smart Way</sup>'를 발표한 적이 있다. 일정 준수, 적극적 소통, 주도적 실행 등을 통하여 일하는 방법과 과정에 대하여 언급하고 있다.

테슬라웨이<sup>Tesla Way</sup>도 있다. 디지털 전환이 가져올 새로운 기회에 대한 인식을 기반으로 디지털화가 몰고 온 변화의 물결에 대비하기 위하여 만든 개념이다. 제조업 부활 프로젝트의 일환으로 제조업과 디지털 융합을 통하여 서비스, 제품 생산, 공급, 소비 등에 새로운 패러다임과 새로운 혁신 모델 제시를 하기 위하여 테슬라가 내놓은 일하는 방법이다. 초생산성, S/W융합, 스타트업 리더십, 인간과 기계의 자기학습, 플랫폼 트렉션, 스토리메이킹, 교차통합(가치사슬과 생태계의 통합)이라는 다소 어렵지만 7가지 Way를 만들어 발표한 바 있다.

구성원들이 일하는 방법도 잘 알고 목표도 명확히 인지하고 있다면 그다음은 이를 그 목표를 향해 나아가는 실천력이 중요하다. 귀하의 조직에는 구성원들의 실행력을 높이는 방법을 가지고 있는지 묻고 싶다. 구성원의 일하는 방법과 실행력을 조직문화와 연계시켜야 하는 것이다.

진정한 조직문화의 힘은 그 기업의 본연의 업을 수행할 때 나타나야 한다. 일하는 과정 속에서 기업의 미션과 비전과 핵심 가치가 묻어나야 한다. MZ세대와 같이 그 조직만의 Way를 새롭게 정립하기를 권한다. 그들은 기존 세대와 일하는 방식이 다르기 때문이다.

- 어떻게 하면 우리 조직을 일하기 좋은 일터로 만들 수 있을까?
- 어떻게 하면 우리 부서원 간 관계를 좋게 만들 수 있을까?
- 어떻게 하면 부서 구성원들이 맡은 업무를 즐겁게 하도록 할까?
- 어떻게 하면 부서원들이 주어진 과업을 효과적으로 달성할 수 있을까?
- 어떻게 하면 부서 구성원들이 자신들의 일을 스스로 알아서 할까?
- 어떻게 하면 맡은 부서를 성과(실행력) 높은 부서로 만들 수 있을까?
- 어떻게 하면 부서 구성원들이 만족하며 근무할 수 있을까?
- 어떻게 하면 부서 구성원들이 인정받고 더 성장할 수 있을까?

등과 같은 질문을 만들고 이에 대한 답을 찾는 작업을 MZ세대와 같이 해보는 것이다. 그 과정 속에서 그들이 가진 그리고 우리 조직이 가진 강점을 찾을 수 있을 것이다.

## ● MZ세대와 성과 나누기

어느 세대보다도 MZ세대는 성과의 공정성을 중요시 여긴다. 너와 내가 모두가 비슷한 평등 보다는 노력과 수고의 대가가 제대로 보상되어 지기를 바란다. 그리고 성과는 바로바로 주어지기를 바란다. 그들은 MBO나 BSC 같은 것보다 OKR이 더 잘 어울리는 세대이다. 즉각성과 수시성을 더 선호하고 작지만 당장의 확실한 보상을 원한다. 가성비와 효율을 중요시 하고 정보의 투명성과 개방성을 선호한다. 심지어는 경영진과 일반직원 간 임금 차이가 나는 합리적 근거를 요구하는 세대이다.

성과평가 방식에 있어서도 직속 상사의 평가는 줄이고 동료 등 다면평가의 비중이 더 높아야 한다고 주장한다. 개인의 노력으로 통제가 불가능한 성과지표가 개인의 성과평가 항목에 들어 있으면 이를 따진다.

블라인드 같은 웹을 활용하여 타사의 기본급 수준을 알아보고 정기적으로 비교도 한다. 일부 층만 혜택을 보는 복리후생 항목 대신, 다양한 라이프사이클에 맞춘 선택폭 넓은 복리후생제도를 공개적으로 요구한다.

- 어떻게 성과를 나누어야 공정한 것일까?
- 지혜로운 상사가 임의적으로 배분함이 과연 옳은 것일까?
- 협의한다고 그리고 그대로 집행했다고 하면 불만이 없을까?
- 상대적이고 절대적인 기준은 과연 잘 되어 있는 걸까?

MZ세대의 특성을 반영하지 않더라도 요즘 인사평가 제도에 조금만 관심이 있으면 1년 단위로 진행되어온 평가제도는 이제 바꿔어야 한다는 공감대는 갖고 있을 것이다. 평가는 시간이 지나면 왜곡될 여지가 많다. 과업을 마치고 나면 바로바로 평가하고 그 결과를 반영함이 구성원의 동기부여를 위해서도 좋을 것이다. 다만 성과평가가 승진이나 육성 등 다소 시간을 필요로 하는 과업과 연계해야 한다면 인사시스템을 MZ세대에게 맞게 고도화하는 작업을 한 번은 거쳐야 한다. 그렇지 않고 과거의 10년 전 심하면 더 오래전 인사평가 시스템을 인원의 증가에 따라 조금씩 개량하여 써오고 있다면 MZ세대의 성향을 반영한 인사시스템 체계를 바꾸어야 한다.

MZ세대는 핸드폰 세대이다. 핸드폰이 처음 나온 이후 얼마나 많은 진화를 했는지 우리는 잘 알고 있다

MZ세대는 인지하는 능력이 생기자마자 핸드폰을 가지고 놀던 세대, 그들은 핸드폰의 발전처럼 변혁의 시대를 유영하듯이 적응하며 살아온 세대이다. 적응력과 응용 능력이 뛰어나고 반응속도가 빠른 세대 그래서 MZ세대의 조직문화는 더 필요하고 더 에너지가 넘치지 않을까 싶다.

# 참고문헌

"회식 자제가 사내 복지"… 삼성 나서자 MZ직장인 '반색'(naver.com)

집 청소·월세 지원… 기업 복지가 달라진다-조선일 (chosun.com)

"MZ세대 잡아라"… 연봉 대신 대기업이 꺼낸 카드는(naver.com)

MZ세대, 어디서든 일할 수 있다… IT업계 '워케이션' 열풍 [IT돋보기](inews24.com)
https://news.mt.co.kr/mtview.php?no=2022081013275376453

트렌드 MZ 2019 밀레니얼-대학내일20대연구소, 2018년 11월 22일 출간

'열정페이'에 뿌리 단단히 난 청춘들 / YTN(2014. 11. 9)

소수의견 / 영화 Minority Report 2002.

[40대가 말한다] (좌담회) "우린 '낀세대…갈등 우리가 풀어야죠"(naver.com)
https://n.news.naver.com/mnews/article/015/0000748232?sid=101

고령화의 그늘…日기업 10개 중 3개는 '후계자 없어' 폐업위기 〈사회 〈오늘공감 〈기사
본문-공감신문 (gokorea.kr)
https://www.gokorea.kr/news/articleView.html?idxno=35950

"원격근무 대비 않는 기업은 도태, 정부가 중기 도와야", 중앙일보(joongang.co.kr)
https://www.joongang.co.kr/article/23790130

선배 불러 술값 떠넘기기… 대학가 "후배들이 무섭다"
http://www.munhwa.com/news/view.html?no=2017042401071309314001

김영준, 《MZ세대의 현황과 특징》

김종명, 여재호, 이혜원 (공저), 《탁월한 성과를 내는 리더의 선택 그룹코칭》, 플랜비디자인, 2021.

김정현 (저), 《팀장 리더십 수업》, 센시오, 2021.

이시다 준 (저), 나지윤 (역), 《어쩌다 팀장》, 길벗, 2021.

래리 페이지(서문) 지음, 박세연 (역), 《존 도어 OKR 전설적인 벤처투자자가 구글에 전해준 성공 방식》, 세종서적, 2019.

백기복, 《조직행동연구》, 창민사, 2021.

존 휘트모어 (저), 김영순 (역), 《성과 향상을 위한 코칭 리더십》, 김영사, 2019.

최순영 외, 《공직 내 세대변화에 대응한 인적자원관리 방안》, 2020.

# MZ 익스피리언스

MZ세대를 경험한 기업체 CEO, HR팀장, 관리자 등
17명이 함께 만들어낸 협력의 조직문화 솔루션

초판 1쇄 발행 | 2022년 10월 28일

| | |
|---|---|
| 지은이 | 김기진 김종찬 박호진 김소리 김금용 조용민 이진영 김현미 정현아 유연재 서형석 가재산 최요섭 김대경 홍규원 김영헌 조원규 |
| 펴낸이 | 안호헌 |
| 디자인 | 윌리스 |
| 펴낸곳 | 도서출판 흔들의자 |
| 출판등록 | 2011. 10. 14(제311-2011-52호) |
| 주소 | 서울 강서구 가로공원로84길 77 |
| 전화 | (02)387-2175 |
| 팩스 | (02)387-2176 |
| 이메일 | rcpbooks@daum.net(원고 투고) |
| 블로그 | http://blog.naver.com/rcpbooks |

ISBN 979-11-86787-50-2 13320
ⓒ김기진